U0694950

长江三峡

◎ 主编 金开诚

◎ 编著 陈长文

吉林出版集团

吉林文史出版社

图书在版编目（CIP）数据

长江三峡 / 金开诚著. —— 长春 ：吉林文史出版社，
2011.11（2023.4重印）
（中国文化知识读本）
ISBN 978-7-5472-0934-9

Ⅰ. ①长… Ⅱ. ①金… Ⅲ. ①三峡－介绍 Ⅳ.
①K928.42

中国版本图书馆CIP数据核字(2011)第226311号

长江三峡

CHANGJIANG SANXIA

主编/ 金开诚 编著/陈长文

项目负责/崔博华 责任编辑/崔博华 李延勇

责任校对/李延勇 装帧设计/李岩冰 李宝印

出版发行/吉林出版集团有限责任公司 吉林文史出版社

地址/长春市福祉大路5788号 邮编/130000

印刷/天津市天玺印务有限公司

版次/2011年11月第1版 印次/2023年4月第3次印刷

开本/660mm×915mm 1/16

印张/9 字数/30千

书号/ISBN 978-7-5472-0934-9

定价/34.80元

编委会

主　任：胡宪武

副主任：马　竞　周殿富　董维仁

编　委（按姓氏笔画排列）：

于春海　王汝梅　吕庆业　刘　野　孙鹤娟

李立厚　邴　正　张文东　张晶昱　陈少志

范中华　郑　毅　徐　潜　曹　恒　曹保明

崔　为　崔博华　程舒伟

前　言

　　文化是一种社会现象，是人类物质文明和精神文明有机融合的产物；同时又是一种历史现象，是社会的历史沉积。当今世界，随着经济全球化进程的加快，人们也越来越重视本民族的文化。我们只有加强对本民族文化的继承和创新，才能更好地弘扬民族精神，增强民族凝聚力。历史经验告诉我们，任何一个民族要想屹立于世界民族之林，必须具有自尊、自信、自强的民族意识。文化是维系一个民族生存和发展的强大动力。一个民族的存在依赖文化，文化的解体就是一个民族的消亡。

　　随着我国综合国力的日益强大，广大民众对重塑民族自尊心和自豪感的愿望日益迫切。作为民族大家庭中的一员，将源远流长、博大精深的中国文化继承并传播给广大群众，特别是青年一代，是我们出版人义不容辞的责任。

　　本套丛书是由吉林文史出版社组织国内知名专家学者编写的一套旨在传播中华五千年优秀传统文化，提高全民文化修养的大型知识读本。该书在深入挖掘和整理中华优秀传统文化成果的同时，结合社会发展，注入了时代精神。书中优美生动的文字、简明通俗的语言、图文并茂的形式，把中国文化中的物态文化、制度文化、行为文化、精神文化等知识要点全面展示给读者。点点滴滴的文化知识仿佛颗颗繁星，组成了灿烂辉煌的中国文化的天穹。

　　希望本书能为弘扬中华五千年优秀传统文化、增强各民族团结、构建社会主义和谐社会尽一份绵薄之力，也坚信我们的中华民族一定能够早日实现伟大复兴！

目录

一、长江三峡简介

滚滚长江，雄踞中国江河之首，满载着四季浪歌，永不停息地奔向东海，成为孕育中华民族古老文明的摇篮。它从"世界屋脊"青藏高原的沱沱河起步，纳百川千流，穿崇山峻岭，气势磅礴，奔腾澎湃，浩浩荡荡，自西向东，横贯中国腹地，全长6300余千米。在流经四川盆地东缘的渝鄂交界处时，长江以穿山之力、破岭之功，夺路奔流，冲击着陡崖峭壁，石灰岩的"骨骼"被江流雕塑成峻嶒诡异、气象万千的杰作,从而形成了壮丽雄奇、举世无双的大峡谷——长江三峡,这是长江风光的精华,神州山水的瑰宝,是万里长江上一段最为奇秀壮观、最为摄人心魄的风景。长江,中华之魂魄;三峡,长江之精灵。大自然的鬼斧神工,数亿年的天地造化,成就了三峡独步天下的立体天然山水画廊。这里山势雄奇险峻,江流奔腾湍急,夹岸峰插云天,古往今来,闪烁着迷人的光彩,成为闻名遐迩的游览胜地。

　　长江三峡是瞿塘峡、巫峡和西陵峡三段峡谷的总称。它位于长江上游，西起重庆奉节县白帝城，东迄湖北省宜昌市南津关，自白帝城至大溪镇称瞿塘峡，巫山大宁河口至巴东官渡口称巫峡，秭归的香溪至南津关称西陵峡，临峡之间有大宁河宽谷和香溪宽谷相隔，全长约192千米。自古以来，瞿塘峡以"雄"名世，雄伟壮观；巫峡以"秀"见长，幽深秀丽；西陵峡以"险"著称，滩多险峻，而三段峡谷中大宁河、神农溪、香溪等支流，神奇而古朴，更为三峡增色不少。

作为集奇山秀水、古迹名胜、古今文化和民俗风情于一线的"黄金水道"，长江三峡首先展现出自然界鬼斧神工的魔力。这里的江水，白浪滔天，激流翻腾，惊涛拍岸，百折不回；这里的群峰，峭壁对峙，崔嵬摩天，层峦叠翠，烟笼雾锁；这里的丛林，漫山遍野，红绿相间，错落有致，富有生机；这里的奇石，嶙峋峥嵘，千姿百态，似人若物，神秘莫测；这里的溶洞，奇形怪状，飞泉吐珠，云雾缭绕，诡异深邃……大山大水大沟壑大峡谷，朝云暮雨烟雾渺渺，自然生态的所有美的形态和质感，都在三峡这里得到完美的呈现。大自然把所有雄奇的力量都纠合在这里，把所有瑰丽的色彩都附在这里，完成了一章最完美最奇异的诗篇。

长江三峡之美，最直观地表现在山水的起承转合之间，给人以荡气回肠之感。北魏郦道元在其地理学名著《水经

注》中描述了三峡的秀丽："自三峡七百里中，两岸连山，略无阙处。重岩叠嶂，隐天蔽日，自非亭午夜分，不见曦月，至于夏水襄陵，沿溯阻绝。或王命急宣，有时朝发白帝，暮到江陵，其间千二百里，虽乘奔御风，不以疾也。春冬之时，则素湍绿潭，回清倒影。绝巘多生怪柏，悬泉瀑布，飞漱其间。清荣峻茂，良多趣味。每至晴初霜旦，林寒涧肃，常有高猿长啸，属引凄异，空谷传响，哀转久绝。故渔者歌曰：'巴东三峡巫峡长，猿鸣三声泪沾裳！'"

东晋袁山松在《宜都山川记》中也赞咏三峡的壮景:"常闻峡中水疾,书记及口传悉以临惧相戒,曾无称有山水之美也。及余来践跻此境,既至欣然,始信耳闻之不如亲见矣。其叠崿秀峰,奇构异形,固难以辞叙。林木萧森,离离蔚蔚,乃在霞气之表。仰瞩俯映,弥习弥佳,流连信宿,不觉忘返。目所履历,未尝有也。既自欣得此奇观,山水有灵,亦当惊知己于千古矣。"

长江三峡的一山一水,一景一物,无不如诗如画,并与悠久的人文古迹完美地结合到一起。壮伟的长江哺育了三峡文化,使三峡成为中国古文化的发源地之一,考古发掘表明,长江三峡巫山地区文化积淀相当丰厚,有史可考的文化遗址遍布长江和大宁河两岸,多达170余处。峡江两岸的奇峰异石,记载着数十亿年来峡区的沧桑;沉睡在岩层中那斑驳陆离的生命遗骸,叙说着亿万年来生命演变的历史。

　　就考古所见，长江三峡地区不仅存在着丰富的巴蜀文化遗存，还蕴藏着具有独特风采的荆楚文化遗存。如果说长江是一条龙的话，那么上游的巴蜀文化、中游的荆楚文化和下游的吴越文化就是长江的龙首、龙腹和龙尾上最美的鳞片，而这三种文化在三峡交融、繁衍、发展，博大与神秘结缘，辉煌与厚重联姻，在中华民族的文化史上放射出绚丽多彩的光芒。没有三峡，奇崛神秘的古蜀文明是封闭的。"噫吁嚱，危乎高哉！蜀道之难难于上青天。蚕丛及鱼凫，开国何茫然。尔来四万八千岁，不与秦塞通人烟。"没有三峡，荆楚文明是孤独的，它泛滥的浪漫情绪无处宣泄，它奇异的巫鬼想象找不到知音。没有三峡，吴越文化是单调的，它没有了海纳百川的开放胸怀，也缺少了兼收并蓄的源流。长江三峡将几个封闭而孤立的文明连接起来，造就了整体的

长江文明，它随长江的流水而绵延不绝，源远流长。

可以说，长江三峡集游览观光、科考怀古、艺术鉴赏、文化研究、民俗采风、建筑考察等于一体，著名的大溪文化遗址、魏家梁子遗址、万州老棺丘墓群和大宁河岸双堰塘遗址、商周遗址等，在历史的长河中闪耀着奇光异彩；青山碧水，曾留下李白、白居易、刘禹锡、范成大、欧阳修、苏轼、陆游等诗圣文豪的足迹，并留下了许多千古传诵的诗章；大峡深谷，曾是三国古战场，是无数英雄豪杰驰骋用武之地；白帝城、三游洞、黄陵庙、嫘祖庙、屈原祠、香溪昭君故里等及三峡以上约200千米的川江两岸的丰都鬼城、忠县石宝寨、云阳张飞庙等名胜古迹，更与这里的山

水风光交相辉映，名扬四海。峡区数千年的文化和人类文化古迹令人憧憬，神秘的传说和历史故事心驰令人神往，从而吸引了古今中外无数的游人。此外，长江三峡风景区还拥有葛洲坝工程和世界上最大的水电站三峡工程，这两项新兴的人文景观和原有的自然景观相得益彰，构成了长江三峡蔚为壮美的新景观。

总之，长江三峡以其险峻的地形、秀丽的风光、磅礴的气势、宏伟的现代工程和众多的人文古迹等，交融了神奇的自然风光与悠久的历史文化，鸣奏了远古文明与当代文明的交响。1982年，长江三峡被列入第一批国家级风景名胜区名单；1991年，荣登中国旅游胜地四十佳之榜首；1995年，被评为中国十大风景名胜之一；2005年，被评为中国最美的十大峡谷之一。

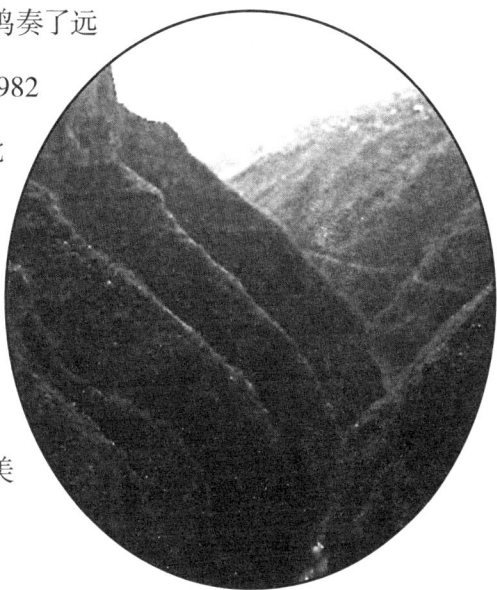

二、长江三峡之瞿塘峡

（一）概况

瞿塘峡，又名夔峡，西起重庆奉节县的白帝城，东至巫山县的大溪镇，全长约8千米。在长江三峡中，瞿塘峡虽然最短，却最为雄伟险峻，以"雄"著称。杜甫在一首诗中写道："白帝高为三峡镇，瞿塘险过百牢关。"它"锁全川之水，扼巴蜀咽喉"，这一锁一扼，有"西控巴渝收万壑，东连荆楚压群山"的雄伟气势。江水至此，水急涛吼，蔚为大观——"瞿塘嘈嘈急如弦，洄流溯逆将复船"，"高江急峡雷霆斗，古木苍藤日月昏"。清代诗人何明礼有一首诗形容此峡之景至为传神和贴切："夔门通一线，怪石插流横。峰与天关接，舟从地窟行。"如今的瞿塘峡水位上升，在雄奇中添了几分秀气。

奔腾咆哮的长江，一进三峡便遇上气势赫赫的夔门。夔门形同门户，堪称天下雄关，素有"夔门天下雄"之称，杜甫有诗称之"众水会涪万，瞿塘争一门"，

此句用一"争"字，刻画出夔门的赫赫水势，宋代词人苏东坡则这样描写道："舟行瞿塘口，两耳风鸣号，扁舟落中流，活如一叶飘。"长江辟此一门，浩荡东泻，两岸悬崖峭壁如同刀劈斧砍，山高峡窄，仰视碧空，云天一线，峡中水深流急，波涛汹涌，奔腾呼啸，一泻千里，势不可当，令人惊心动魄。这峡深水急的江流，绵延不断的山峦，构成了一幅极为壮丽的画卷。正如郭沫若《过瞿塘峡》一诗所云："若言风景异，三峡此为魁 。"

夔门两岸的山峰，陡峭如壁，拔地而起，峭壁千仞，把滔滔大江逼成一条细带，蜿蜒于深谷之中，真可谓"峡分山对立，江合水争流"。峡口两山相对，北边的名为赤甲山，相传古代巴国的赤甲将军曾在此屯营，尖尖的山嘴活像一个大蟠桃；南边的名为白盐山，不管天气如何，总是映出一层层或明或暗的银辉。

古人云："便将万管玲珑笔，难写瞿

塘两岸山。" 瞿塘峡的名胜古迹和文化遗存，多而集中，俨然一幅神奇的自然画卷和文化艺术走廊。峡口的上游有奉节古城、鱼复塔，还有刘备托孤的真正故址永安宫。峡内文物珍藏甚多的白帝城、惊险万状的古栈道、神秘莫测的风箱峡与错开峡、悬于半空之中的盔甲洞等，无不令人神往。出瞿塘峡，峡口南岸的大溪文化遗址，集中体现了新石器时代的文明，遗迹斑斑。短短8千米的瞿塘峡，浓缩了人类文明发展史，当在这块神奇的土地上遨游时，令人感受到历史的震撼和自然的魅力。

（二）自然景观

1.夔门

古有"峨嵋天下秀，青城天下幽，剑门天下险，夔门天下雄"之说，这四大旅游胜地被人们称之为"巴蜀四绝"。夔门又名瞿塘关，是长江从四川盆地进入三峡的西大门。三峡蓄水后，瞿塘关遗址大部分已被淹没，夔门江宽水阔，云雾缭绕，多了几分朦胧，添了几分秀丽。

夔门两侧的白盐山、赤甲山拔地而起，峰若刺天，高耸入云，巍峨峥嵘，形成"西控巴蜀收万壑"的气势。近江两岸则壁立如削，恰似天造地设的大门，真是"白盐赤甲天下雄，拔地突兀摩苍穹"，"两山夹抱如门阀，一穴大风从中出"。杜甫有诗咏白盐、赤甲两山："赤甲白盐俱刺天，间阎缭绕接山巅。枫林桔树丹青，复道重楼锦绣悬。"

白盐山因黏附在岩石上的水溶液富

含钙质，色似白盐而得名，阳光映衬，"仿佛盐堆万仞岗"。赤甲山因含有氧化铁的水溶液黏附在风化的岩层表面而呈赭红色，如一巨人袒胸披甲屹立，故名赤甲山。赤甲山又像一只红艳艳的仙桃，则又称之为"桃子山"。当晴空日丽时，隔江相望，一个红装，一个素裹，分外妖娆，可谓奇景。两座山都是石灰岩，长期的风剥雨蚀，使两岸岩壁好似刀削斧砍一般，虽然寸草难生，但各现异彩，这些色调和晨曦、晚霞、明月交相辉映,形成了"赤甲晴晖""白盐曙色"和"夔门秋月"等胜景。

2.风箱峡

在瞿塘峡北岸黄褐色的悬崖绝壁上的几条缝隙里面,岩缝高处,有块形状很像风箱的岩石,传说是当年鲁班存放的,人们称此段峡谷为风箱峡。当然,这不是鲁班留下的风箱,而是比鲁班还早的古代巴国人留下来的悬棺。悬棺是在悬崖上凿数孔钉以木桩,将棺木置其上;或将棺木一头置于崖穴中,另一头架于绝壁所钉木桩上,人在崖下可见棺木,故名。

瞿塘峡两岸有悬棺多处,除风箱峡悬棺外,对岸盔甲洞悬棺更为丰富。悬棺并不仅限于瞿塘峡,在整个长江三峡和大宁河小三峡的悬崖峭壁之上,也有许多处悬棺葬遗迹,展示着关于死亡的种种符号。过去,这里

流传着"三峡大宁河，岩上有棺材，金银千千万，舍命难得来"的俗语，增加了悬棺的神秘性。"上不着天，下不着地"的悬棺如何安置在悬崖上，一直让世人感到神秘莫测，也历来为中外学者所关注。此外，古代人为何要将棺材悬置于高山绝壁上，也成为人们猜疑而多年未获解答的历史之谜。目前，对古人实行悬棺葬有数种解释：一说是借音"高棺（官）"，以使子孙后代显贵；一说是保护先人尸体，不让野兽侵犯；再一说是实行悬棺的民族过着游猎生活，随山而居，沿山而葬。

总之，悬棺之谜有待全面揭开。

"风箱"处悬崖高约数十米，一般人不易攀登，更不要说把"风箱"放上去。由于这"风箱"出奇得令人不可思议，它一直吸引着那些勇于探胜历险的人。据说清光绪末年就有人攀登成功，并取下一具岩藏物，此物"扣之中空，作木声"。当获得者拿到奉节出卖时，被县衙差役发现而受拘捕，并强令其再放还原处，以免亵渎神灵。1971年，有三位勇敢的采药人冒着生命危险，登上风箱峡的缝隙之中，取下所谓的"宝物"，采药人发现这原来是两千多年前古代巴人留下的岩葬，里面有巴人遗骨和陪葬的巴式剑、铜斧、汉初四铢半两钱等文物，目前这些文物存于白帝城博物馆。据考证，悬棺葬是一种古代地方性葬俗，在西汉至南北朝时巴蜀地区最为流行。巴人是战国到汉期间居住在今川东、鄂西一带的古老民族，把死者悬葬于岩穴，是他们的习俗。

这一发现，为研究古代巴族文化乃至长江上游的古代文化提供了宝贵的实物。

3.错开峡

在进入瞿塘峡不远处的长江南岸，有几座山岩对错着，高入云端，山的峰顶尖尖的，颜色黑沉沉的，名曰对错山，山下就是神话传说中的错开峡。

错开峡的传说在当地广为流传。相传古时有12条凶恶的蛟龙，在巫山上空张牙舞爪，追逐嬉戏，引起飓风，吹得天昏地暗，以致房屋倒塌，人畜死伤无数，百姓苦不堪言。这时仙宫西王母的小女儿瑶姬驾着彩云游经三峡，看到此情景，发怒地用手一指，一道闪光后一声巨雷，将12条孽龙劈死在峡中，不料龙尸化为顽石，堵住了长江的去路，使江水在四川盆地泛滥成灾，引起祸害。著名的治水英雄夏禹赶到，瑶姬便帮助夏禹开道疏水，开通风箱峡后，就来到这里，但匆忙中却开错了峡道，汹涌的江水不能排泄，反而越涨越高，迫不得已，另外开山劈岭寻道后，才大功告成，而开错的峡道就叫"错开峡"。这个美丽的传说反映了古代人民移山治水、征服自然的豪情壮志。

（三）人文古迹

1.白帝城

白帝城位于瞿塘峡口的长江北岸，距奉节城东8千米，四面环水，孤山独峙，气象萧森，雄踞水陆要津，气势十分雄伟，是三峡旅游线上久负盛名的景点。随着三峡工程的修建，白帝城已四面环水，成为了一个小小的"白帝岛"，四周水域宽阔，烟波浩渺，十分壮观。

白帝城风景如画，景色迷人，古迹甚多。座座亭台楼阁，掩映在绿荫丛中，红墙碧瓦，翘角飞檐，点缀着一山翠色，

堪称人间仙境。历代著名诗人如李白、杜甫、白居易、刘禹锡、苏轼、黄庭坚、范成大、陆游、薛涛、戴叔伦等都曾登白帝，游夔门，留下大量诗篇，李白"朝辞白帝彩云间，千里江陵一日还，两岸猿声啼不住，轻舟已过万重山"的诗句，更是脍炙人口，成为千古绝唱，故白帝城又有"诗城"之美誉。2006年，白帝城作为明至清古建筑，被国务院批准列入第六批全国重点文物保护单位名单。

白帝城的名称，最早出现于西汉末年。据传西汉末年，王莽篡位时，其手下大将公孙述在瞿塘峡口扩修城垒，屯兵严防，割据四川。在天府之国里，他自称蜀王，势力渐渐膨胀后，野心勃勃，欲称帝自立。后来，公孙述听说紫阳城中一口井中常冒出一股白色的雾气，其形状宛如一条龙，直冲九霄。公孙述故弄玄虚，说这是"白龙出井"，是他日后必然登基成龙的征兆。于是，他在公元25年自称白帝，建都紫阳城，并改名为白帝城。后公孙述与刘秀争夺天下，为刘秀所灭，白帝城亦在战火中化为灰烬。在公孙述称帝期间，各地战乱频繁，而白帝城一带却比较安宁，当地老百姓为了纪念公孙述，特地在白帝城建白帝庙，塑像供祀。

白帝庙后来名声大噪，因它与三国英豪搭上了关系。据史载，三国蜀汉皇帝刘备的结拜兄弟关羽败走麦城，死于刀下后，刘备为他报仇，不听众臣劝阻，起兵讨伐东吴。途中另一个结拜兄弟、伐吴先锋张飞丧身叛将范疆、张达手中，刘备愤而不谋，催兵猛进。章武二年夏六月，被东吴大将陆逊用计火烧七百里军营，刘备因而兵退白帝城，忧伤成疾，临终前在白帝城永安宫向丞相诸葛亮托孤，然后便一命归西了。从此，白帝城就因这段脍炙人口的故事而更加闻名于世了。约在唐代以前，白帝庙处就增建了祭祀刘备的先主庙和祭祀诸葛亮的诸葛祠。至明朝，公

孙述的塑像被毁弃,代之以刘备、关羽、张飞、诸葛亮的塑像,因而有明良殿、武侯祠、观星亭、凤凰碑等明清建筑。从此,"白帝城内无白帝,白帝庙祭刘先帝",但"白帝庙"之名一直沿用至今。因此,现存白帝城乃明、清两代修复遗址。

在白帝庙正厅"托孤堂"中,可观赏到大型彩塑"白帝托孤"。这组彩塑有真人大小的三国历史人物21尊,重现了刘备托孤的历史故事。其中刘备卧于病榻,背对游人,似向壁悲泣,诸葛亮立于榻前,脸色凝重;两个小皇子跪在诸葛亮面前,其余文臣武将,也是一派肃穆之态。

观星亭共有6角12柱,翘角飞檐,气度不凡。当年刘备屯兵白帝城时,诸葛亮在此夜观星象,运筹兵略。亭上高挂一古钟,亭内石桌、石墩上刻有杜甫客居

夔州时写的《秋兴八首》。

白帝庙内历代的诗文、碑刻甚多,陈列有瞿塘峡悬棺内的文物和隋唐以来73块书画碑刻,以及历代文物1000余件,古今名家书画100余幅。其中"竹叶字碑"诗画合一,石刻技艺精湛,风格独特奇妙,乍看上去,碑面上是三株修竹,竹叶疏朗。细细一看,原来那竹枝竹叶巧妙地组成了一首五言诗,达到字画相融、浑然一体的艺术境界,诗曰:"不谢东篱意,丹青独自名。莫嫌孤叶淡,终日不凋零。"

凤凰碑高175厘米，宽96厘米，镌凤凰、牡丹、梧桐，精美华丽，堪称瑰宝，此碑又称"三王碑"，因为梧桐是树中之王，牡丹是花中之王，凤凰是鸟中之王。碑林中还有一块刻着清康熙帝御笔的石碑，为康熙赐给一位告老还乡的清官监察御史名为傅作楫的。诗文是："危石才通鸟道，青山更有人家。桃源意在何处，涧水浮来落花。"白帝庙内，著名的春秋战国之交的巴蜀铜剑，其形如柳叶，造型考究，工艺精湛。这些古建筑和文物珍品，给白帝城增色不少。

2.大溪文化遗址

大溪文化遗址位于瞿塘峡东口，大宁河宽谷岸旁的重庆巫山县大溪镇，是中国长江流域古文明的发祥地之一。大溪文化是5000—6000年的新石器时代母系社会的文明，因首先发现于大溪镇而得名。大溪遗址的分布面积约5万平方米，

文化层厚2.5—3.6米，海拔高度为125—145米。大溪文化遗址的发现，揭示了长江中游的一种以红陶为主并含彩陶的地区性文化遗存。2001年，大溪遗址被评选为"20世纪中国100大考古发现"之一。

大溪文化遗址并不是仅在大溪镇独有，而是广泛分布于峡江地区和两湖平原，东起鄂中南、西至川东，南抵洞庭湖北岸，北达汉水中游。考古学家将这些具有相同特征显示出来的有别于其他文化特征的考古学文化，命名为大溪文化。大溪文化又分为两种类型，长江沿岸的鄂西、川东地区，如大溪、红花套、关庙山等地的遗存，可称为大溪类型，这一类型多夹炭陶，夹砂陶比例始终很小，白陶也很少，受仰韶文化庙底沟类型的影响明显；洞庭湖北岸、西北岸地区，如三元宫、丁家岗、汤家岗等地的遗存，可称为三元宫类型，这一类型夹砂陶比例大，红褐胎黑皮陶和白陶占一定数量，以通体装饰的印纹、刻画纹为特色，漩涡纹、变体卷云纹彩陶也极具特点。

　　大溪文化遗址的陶器以红陶为主，普遍涂红色，有些因扣烧而外表为红色，器内为灰、黑，盛行圆形、长方形、新月形等戳印纹，一般成组印在圈足部位。有少量彩陶，多为红陶黑彩，常见的是横人字形纹、条带纹和漩涡纹。器形有豆、曲腹杯、碗、罐、盘、瓶、盆、钵等，其中筒形圆底瓶、豆盘、盘口罐和曲腹杯是大溪文化具有代表性的器物。大溪文化生产工具主要有石斧、石锛、石杵、石镰、纺轮、骨针、蚌镰、网坠等，装饰品有玉、石、骨、象牙、兽牙等几种，主要有耳饰、项饰和臂饰三类，还有空心石球、人面浮雕悬饰等艺术品。

在大溪文化遗址墓葬中，死者均埋在氏族公共墓地，头向一般为正南，早期以仰身直肢葬为主，同时也有俯身葬和侧身葬，而跪屈式、蹲屈式的仰身屈肢葬则反映了大溪文化的特殊葬俗，其中所蕴含的意义耐人寻味。绝大多数墓都有随葬品，女性墓一般较男性丰富，最多的有30余件，有的石镯、镶牙镯出土时还佩戴在死者臂骨上。在几座墓里，还发现整条鱼骨和龟甲，以鱼随葬的现象在中国新石器文化中尚属少见。这些珍贵的遗迹遗物为研究新石器时代长江中上游地带的社会、经济发展提供了极珍贵的史料。

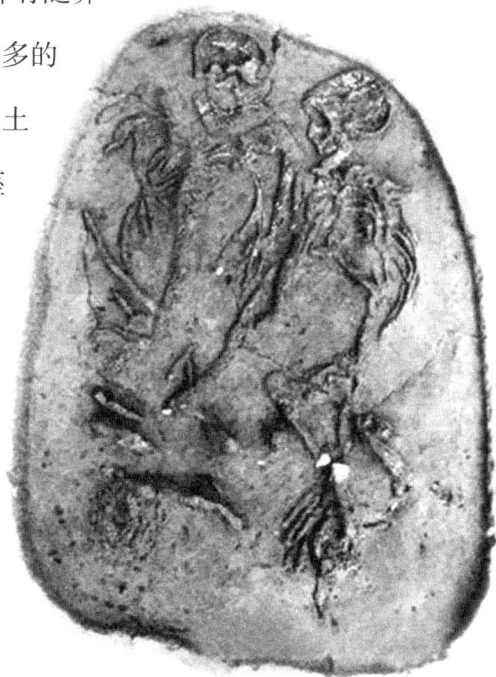

三、长江三峡之巫峡

（一）概况

巫峡位于重庆巫山和湖北巴东两县境内，西起重庆巫山县城东大宁河口，东至湖北巴东县官渡口，全长约46千米，以幽深奇秀、深沉肃穆著称。"巴东三峡巫峡长"，因而巫峡有大峡之称。巫峡是三峡中最连贯、最整齐的峡谷，分为东西两段，西段由金盔银甲峡、箭穿峡组成，东段由铁棺峡、门扇峡组成。巫峡谷深峡

长，日照时间短，峡中湿气蒸郁不散，容易成云致雾，蒙蒙细雨，因此，唐代诗人元稹留下"曾经沧海难为水，除却巫山不是云"的千古绝句，概括了巫峡中万古不衰的神韵和魅力。

巫峡境内青山连绵，奇峰突兀，山色如黛；怪石嶙峋，古树青藤，繁生于岩间；江河曲折，百转千回；飞瀑流泉，悬崖峭壁，宛如一条迂回的天然画廊，充满诗情画意。峡中九曲回肠，奇峰嵯峨竞秀，烟云氤氲缭绕，飞虹流彩，景色清幽至极。船行其间，时而大山当前，石塞疑无路；忽又峰回路转，云开别有天，颇有"曲水通幽"之感。

"万峰磅礴一江通，锁钥荆襄气势雄"真实写照了巫峡的景象。巫峡南北两岸山峰众多，尤以巫山十二峰最为壮观，古往今来，擅奇天下。"放舟下巫峡，心在十二峰"这句古诗道出人们对十二峰的倾慕之情。十二峰就像一串翠绿的宝石镶嵌在江畔，上冲云霄，群峰竞秀，气势峥嵘，云雾缭绕，姿态万千。江北由西向东依次为登龙、圣泉、朝云、神女、松峦、集仙六峰；江南为飞凤、翠屏、聚鹤、净坛、起云、上升六峰。但事实上，在江上只能看到九座山峰，南岸的净坛、起云、上升三峰要在长江支流青石溪上才能看到，因此陆游在《三峡歌》中说："十二巫山见九峰，船头彩翠满秋空。"古人有一首诗则较为详细地介绍了十二峰的方

位和名称,诗云:"登龙前去是圣泉,集仙松峦紧相伴。西则望霞连朝云,隔岸再现翠屏山。聚鹤相对是飞凤,其余需进小溪看。净坛之前有起云,上升览罢无遗憾。"

除峰形秀丽多姿外,变幻莫测、来去无踪的巫山云雨也大大增添了十二峰的神秘色彩。巫峡中云雨之多,变化之频,云态之美,雨景之奇,令人叹为观止。峡区山高谷深、蒸郁不散的湿气,沿山坡冉

冉上升，有时形成浮云细雨，有时化作滚滚乌云，有时变成茫茫白雾，峡中云雾轻盈舒卷，飘荡缭绕，变幻莫测，十二峰时隐时现，风姿绰约，疑似仙境。古文人多以十二峰名编缀成诗写其景象，如"曾步净坛访集仙，朝云深处起云连。上升峰顶望霞远，月照翠屏聚鹤还。才睹登龙腾汉宇，遥望飞凤弄晴川。两岸松峦不住啸，料是呼朋饮圣泉。"十二峰中又以神女峰最具魅力，人们把它看作巫山的象征，相传它是帮助大禹治水并为船工导航的仙女化身。巫峡"秀峰岂止十二座，更有零星百万峰"，十二峰之外，还有众多的险峰异壑，奇秀俊美，令人目不暇接。

巫峡名胜古迹众多，有陆游古洞、三台（楚怀王梦会巫山神女的楚阳台、瑶姬授书大禹的授书台、大禹斩孽龙的斩龙台）、神女庙遗址以及悬崖绝壁上的夔巫栈道等，无不充满诗情画意。此外，巫山八景久负盛名，依次为南陵山顶"南陵春晓"、杨柳坪"夕阳返照"、大宁河口"宁河晚渡"、清溪河上"清溪鱼钓"、宁河渡口"澄潭秋月"、五凤山上"秀峰禅刹"、城西望夫"女观贞石"、高塘观"朝云暮雨"。这些景色滋润了历代迁客骚人的生花妙笔，古往今来的游人莫不被这里的迷人景色所陶醉，并留下了众多灿若繁星的诗篇。而巫峡许多流传至今的美丽的神话传说，更增添了奇异浪漫的诗情，如唐代诗人刘禹锡《杨枝词》："巫峡巫山杨柳多，朝云暮雨远相和。因想阳台无限事，为君回唱竹枝歌。"

（二）自然景观

1.金盔银甲峡

金盔银甲峡是巫峡中的一段小峡，位于巫山下游10千米处横石溪附近。这里江边的陡崖绝壁，是由层次很薄、褶皱剧烈的石灰岩组成。垂直的岩壁上的这种灰白色人字形的小弯曲岩层褶皱，是典型的水成岩经地壳运动挤压而成的一种岩石。其形状似鳞片，从外表看有些像古代武士披挂的银甲；在岩壁的上部，是浑圆状的石灰岩山头，其表面被含有氧化铁的地下水染成黄褐色，如同古代武士戴的金盔，这段峡谷因此称作"金盔银甲峡"。整个金盔银甲峡壁，就像一幅巨大的中国古代武将肖像的浮雕，鬼斧神工，颇耐玩味。

2.神女峰

神女峰，又名望霞峰，位于巫山县城东约15千米处的大江北岸，海拔1020米，挺拔俊秀，峰顶直刺天穹。神女峰峰顶有一根石柱高约10米，突兀于青峰云霞之中，看上去宛若一个鬟发上插着金簪银花，身着优雅大方的古装的少女，亭亭玉立，婀娜多姿，在那里望断长江，迎送舟帆，故名神女峰。对于此峰，古人有"峰峦上主云霄，山脚直插江中，议者谓泰、华、衡、庐皆无此奇"之说。游人泛舟神女的石榴裙下，仰头眺望，可欣赏到神女纤丽奇俏的绰约风姿。

神女峰闻名古今，源自神女瑶姬下凡助禹治水的传说。唐广成《墉城集仙录》载，西王母幼女瑶姬携狂章、虞余诸神出游东海，过巫山，见洪水肆虐，于是"助禹斩石、疏波、决塞、导厄，以循其流"。水患既平，瑶姬为助民永祈丰年，为樵夫驱虎豹，为病人祛灾殃，为舟楫谋安全，

立山头日久天长，便化为神女峰，永久地矗立在幽深的巫峡中。这一传说在《巫山县志》也有记载："赤帝女瑶姬，未行而卒，葬于巫山之阳为神女。"

神女峰耸立江边，云雨中的青峰绝壁，宛若一幅浓淡相宜的山水国画。峰顶云雾缭绕，那人形石柱，像披上薄纱似的，更显出脉脉含情，妩媚动人。细雨蒙蒙中，船行其间，沾衣欲湿，拂而觉爽。天气晴朗之日，晨暮时分，彩云环绕，时聚时散，变幻出各种图景，美妙绝伦，故又称神女峰为"望霞峰"。若遇明月当空，松林静穆，归鸟倦睡，又有一番恬静的悠闲，如登仙界。

3.神女溪

神女溪是青石镇与飞凤峰之间的一条小溪，发源于重庆巫山县的官渡区，上游称官渡河，中游称紫阳河，下游称神女溪，在神女峰麓对面的青石镇汇入长江，全长31.9千米。因受险峻的地理环境制

约，溪流深处人迹罕至，颇具原始味道。神女溪离神女峰最近，登过神女峰，转身即进神女溪。如今三峡蓄水，平湖回流，水位抬高，神女溪下游约9千米的景区，巧夺小三峡之奇秀，更增大三峡之雄险，水清石奇，植被良好，原始古朴，似奇境仙居，如梦如幻。

神女溪的山水景观风光绮丽，静谧宜人，令人称绝。翠屏、飞凤、起云、上升、净坛五峰，棋布溪水两岸。神女溪中游，内侧南岸是上升峰，西北是起云峰。溪岸壑谷曲折，峰峦叠翠，云遮雾绕，"江流曲似九回肠"，穿行其间，时而大山阻隔，时而峰回路转，多处"山重水复疑无路，柳暗花明又一村"，乃峡中之奇峡，景中之绝景。神女溪内有人影壁、嫦娥奔月、板壁岩、定海神针、八仙凳、仙掌峰、炮花塘、七女塘、帕链潭等景点。沿溪而进，雾气迷蒙，两岸植被郁郁葱葱，隐天蔽日，峰回溪转，洞幽景佳，游览其间，恰似世外桃源，惬意舒心。

（三）人文古迹

1.巫山三台

（1）楚阳台

楚阳台，即古阳台，在巫山城北约1千米的高邱山（一名高都山）上，台高一百丈，面对浩浩长江，是巫山八景之朝云暮雨所在地。据地理学著作《寰宇记》载："台高一百二十丈，南枕大江，每阴雨，云雾先起，即宋玉赋所谓楚王游于阳云之台也。"半山腰有高唐观，亦即宋玉《高唐赋》中"高唐之观"，但古庙已废，仅存玉皇阁和一些碑刻、对联，光绪年间的《巫山县志》说："古高唐观，殿宇苍凉，松桷七檐，绿竹苍松，四周环绕。"

站在楚阳台上观奇揽胜，万千景色尽收眼底，既可远眺蜿蜒的巫峡和起伏的群山，又可领略到重重叠叠变幻莫测的巫山烟云，壮丽景色动人心魄，正如隋朝诗人陆敬所赞："巫岫郁岩峣，高高入

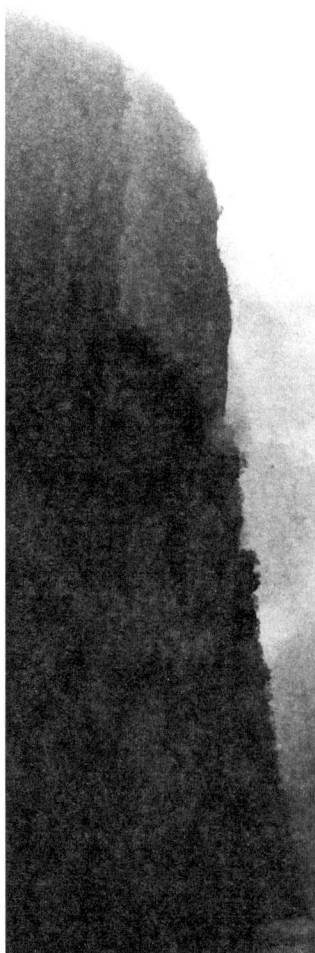

紫霄。白云抱危石，玄猿挂迥条。悬崖激巨浪，脆叶陨惊飙。别有阳台处，风雨共飘摇。"

历代描写楚阳台的文人很多，许多墨客骚人题写"阳台诗"，现摘录几首如下：齐虞羲《巫山高》云："云雨佳以丽，阳台重怨思。"齐王融《巫山高》云："想象巫山高，薄暮阳台曲"。梁费昶《巫山高》云："巫山光欲晓，阳台色依依"。唐沈佺期《巫山高》云："为问阳台客，应知入梦人"。唐李白《古风》云："我行巫山渚，寻古登阳台"。

（2）授书台

授书台位于巫山十二峰的飞凤山麓，与神女峰隔江相对，海拔约200米。传说古时候，瑶姬带领众姐妹腾云驾雾，遨游经过巫山，恰逢大禹帮助三峡黎民百姓治水正遇到困难。瑶姬敬佩大禹三过家门而不入的治水精神，就向大禹授《上清定经》的治水天书于此平台，后来，人们就把这个平台叫作授书台。授书台之景，恰如唐代诗人郑世翼所描写："巫山凌太清，岩峣类削成。霏霏暮雨合，霭霭朝云生。危峰入鸟道，深谷写猿声。别有幽栖客，淹留攀桂情。"

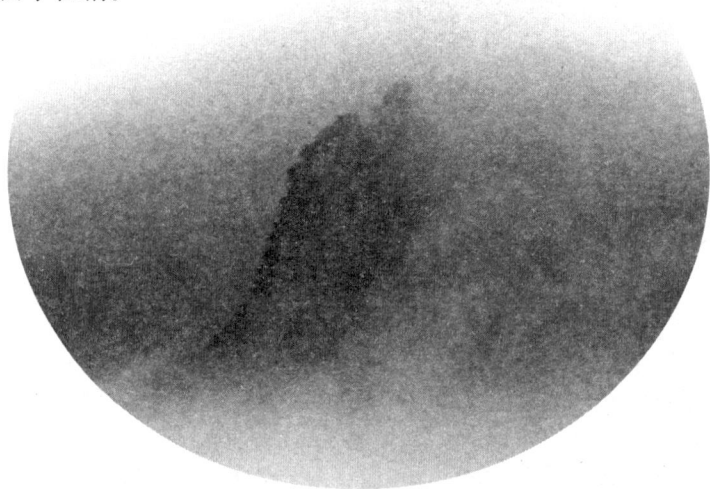

（3）斩龙台

斩龙台位于巫山县西部长江南岸的错开峡。大溪东面的岩戕上，立着一根顶细底粗、高约60多米的圆形石柱，叫锁龙柱。隔峡相对的西面，一台状如巨鼓，传说这是禹在疏浚三峡时锁龙斩蛟的地方，因此得名斩龙台。

2.巫山八景

巫山八景为宁河晚渡、青溪渔钓、阳台暮雨、南陵春晓、夕霞晚照、澄潭秋月、秀峰禅刹、女观贞石，凝气象万千之自然造化，聚心旌神摇之人文景观。古人有诗云："宁河青溪水静流，阳台春晓荡清幽。夕霞秋月横翠黛，秀峰贞石万古忧。"清澈之泉水，幽静之桃源，远古之遗迹，皎洁之月光，点缀于神奇美妙之巫山，凝聚为美丽怡人之八景，惜目前可观者仅有宁河晚渡、南陵春晓、夕霞晚照、澄潭秋月、女观贞石5处。

（1）宁河晚渡。巫山城东之象鼻山下，清澈明澄之大宁河水，缓缓流入长江，天朗气清之日，每至日暮，霞光灿烂，烟雾横江，欸乃遗音，歌起人渡，悠哉游哉，颇得几分闲情逸致。《巫山县志》有诗云："千条白练罩江边，无数歌声透晚烟，棹到中流真知在，浑如天上坐春船。"

（2）南陵春晓。巫山城对岸之南陵山，山势巍峨，卉木丛生，山顶有古南陵观，据说此山之鸡每晨报晓独先。每到春季，环绕古观之山野，信风初唤，桃红梨白，争奇斗艳，春意盎然；夏季，云雨常驻，变化多端，飞瀑流湍，百花竞放；秋天，漫山红叶，铺天盖地，长河落日，交相辉映；冬日，白雪皑皑，原驰蜡像，银装素裹，神奇妙绝。

（3）夕霞晚照。巫山城对岸之东南，夕阳薄山，光线遮掩，但见杨柳坪石柱缝中，射出红霞一线。绿树丛中，将合若离，霞光无限，令人如痴如醉。《巫山县志》云："石柱擎天起，霞光一线天，苍苍横翠黛，疑是赤城中。"

（4）澄潭秋月。大宁河东岸，有潭阔数丈，深千尺，清澄澈底，微波涟漪，据说这里原来不论阴晴，晚上潭中总是映着一轮皎洁的明月——实际上是水中的一块似月亮的圆石，惜如今已经深沉江底。然而，凡临秋季，月光如练，潭面如镜，倒映明媚之秋月，宛若水中之仙，从不同角度可以看到月的阴晴圆缺，景色仍

然奇异诱人。清陈益襄写道："杯举本从天际望,镜圆却向水中明",并有一副联语为人们津津乐道:"月月月明,八月月明明分外;山山山秀,巫山山秀秀非常。"

(5)女观贞石。巫山城北2千米之遥女观山上,一石耸立,状如人形,栩栩如生。相传昔有一对夫妻,夫外宦于蜀,一去不归,其妻思夫心切,登山遥望,日久化石,故名望夫石。中唐诗人王建到巫山后,还写了一首题为《望夫石》的诗:"望夫处,江悠悠,化为石,不回头。山头日日

风和雨，行人归来石应语。"古往今来，
沧海桑田，望夫石朝朝暮暮，立于山巅，
凝视天边。

3.秋风亭

秋风亭，又名寇公亭，原亭建在长江
北岸，今在巴东县新县城东南。北宋寇准
任巴东县令时所建（公元978年），距今
已有千余年历史，至南宋乾道五年（公元
1169年）尚且完好，后渐趋毁坏。明正德
年间，盛杲任巴东县令，为纪念寇准，在
今城西南高岗上仿建秋风亭，后几经兴

废，到清康熙初年、嘉庆二十一年、同治五年三次修葺而保存至今。

寇准原籍山西，北宋太平兴国五年（公元980年），19岁的寇准殿试高中探花郎，被派往巴东做县令。他上任后，立志改造这个地处偏远、穷山恶水的峡江小县，为乡民造福。他一面上书朝廷，请求减免赋税徭役；一面深入村寨，"劝民稼穑"，鼓励乡民修道治水，植柏栽桑，发展农业生产，并亲自传授中原地区农耕技术，终于使乡民们过上了稳定的农耕生活。短短三年时间，寇准就使巴东成为"无旷土、无游民"之地，乡民敬佩他、感谢他，称他为"寇巴东""寇青天"。

寇准闲暇时喜欢吟诗作赋，乡民们便自发地在县城风景极佳的高岗上建造一座精巧的小亭，以便这位百姓爱戴的"父母官"能挥洒诗兴。寇准难却父老乡亲的一片真情，但坚持由自己个人承担全部费用，并欣然题名"秋风亭"，藉以警示勉励自己，为官要像无情的秋风：明察秋毫，清正廉明。在巴东任期三年内，寇准写下了上百首诗文，并编成《巴东集》。由于政绩卓著，他受命进京为官，因为人刚直，多次直谏，渐受重用，先后在工部、刑部、兵部任职，景德元年（公元1004年）出任宰相。天禧元年（公元1017年）被封为莱国公。因寇准之名，秋风亭也名声大振。此后历任的巴东县令，也就认为秋风亭是个有助官运的吉祥之地，走马上任之前，必先至秋风亭饮酒赋诗，并留宿一夜，以求日后仕途通达。来巴东游历的文人墨客们也极看重秋风亭，常常在此吟诗弈棋作画。至于巴东的百姓，因缅怀寇公政绩，更是把秋风亭视为珍迹，久而久之，秋风亭便成了乡民思念寇公之所，所以秋风亭又俗称"寇公亭"。

秋风亭为木石穿架结构，分上下两层，赤柱彩瓦，雕栏画栋，调檐座脊，四角攒尖顶，檐下各镶有木雕龙头，睁目含珠，须角欲动，栩栩如生，内外各由四根朱漆木柱支撑，画梁飞檐，雕刻细腻，别具匠心。秋风亭高三丈余，登亭远眺，观四面风景，只见山峦叠翠，景色极为壮观，似可领略到寇准这位贤臣良相忧乐天下、济世济民的情怀。秋风亭后建有莱公祠，供人凭吊，有诗碑置于墙侧。

自建成以来，秋风亭游人络绎不绝，缅怀寇准的诗句也颇多，宋仁宗嘉祐四年（公元1059年），苏辙与其父苏洵、兄弟苏轼由嘉州乘船东下途经巴东，谒莱公祠、吊寇莱公，借景抒怀，吟《秋风亭》。苏辙诗云："人知惠公在巴东，不知三朝社稷功；平日孤舟已何处，江亭依旧傍东风。"南宋诗人陆游也对秋风亭情有独钟，两次登亭赋诗，留下《秋风亭》诗两首。其一："江水秋风宋玉悲，长官

手自葺茅茨；人生穷达谁能料，蜡泪成
堆又一时。"其二："寇公壮岁落巴蛮，得
意孤亭缥缈间；常依曲栏贪看水，不安四
壁怕遮山；遗民虽尽犹能说，老令初来
亦爱闲；正使官清贫至骨，未防留客听潺
潺。"如今，秋风亭四周松柏青翠，环境
幽雅，慕名而来的游人在秋风亭前流连
忘返，争相传颂着寇准在巴东体察民情、
简政轻徭、清正廉明的故事。

四、长江三峡之西陵峡

（一）概况

西陵峡西起秭归县香溪口，东至宜昌市南津关，全长约76千米，是三峡中最长的一个峡，以险峻闻名于世。西陵峡得名于宜昌市南津关口的西陵山，即因位于楚之西塞和夷陵（宜昌古称）的西边，故名。不过，巫峡与西陵峡并不相接，在它们之间，有一段长约47千米的香溪宽谷，宽谷内岗峦起伏，远隐近现，江宽水阔，水平如镜,这里是三峡地段的主要农耕地带。西陵峡中险峰高耸,夹江壁立,峻岭悬崖横空,奇石嶙峋,环云霭翠;浪涛汹涌,飞泉垂练,银瀑飞泻;古木森然,翳天蔽日,景象万千,醉人心扉,身临其境,可以赏花草、游峡谷、识鸟音、掬清泉、亲溪水、观巴风、听楚韵、览大坝,正契合了北宋文学家欧阳修"此地江山连蜀楚,天钟神秀在西陵"的赞誉。

西陵峡峡中有峡,大峡套小峡,峡峡相连,它又分东西两段,中间为长约31

千米的庙南宽谷所分割；西段包括兵书宝剑峡、牛肝马肺峡和崆岭峡；东段包括灯影峡和黄猫峡。然而，兵书宝剑峡和牛肝马肺峡已经名不副实，"兵书""牛肝""马肺"都被移走，"宝剑"已淹没江底。

西陵峡历史上以峡长山奇、滩险流急、航道曲折、行舟惊险而著称，昔日峡中礁石林立，水流如沸，泡漩翻滚，汹涌激荡，惊险万状，有著名的泄滩、青滩、崆岭滩三大险滩，正如白居易所形容："白狗次黄牛，滩如竹节稠"，不过，现在险滩均已沉于江底，惊险万状的"崆岭滩""鬼见愁""鬼门关"已成为历史陈迹。如今的西陵峡是壮丽的景色依旧，但汹涌的恶浪不再有。江面风平浪稳，水流平缓，船只畅行无阻，如履平川，但荡气回肠的气势和绮丽的景观仍然让人屏息仰止。两岸橘林遍坡，黄绿相映，硕果累累，峡风阵阵，醉人心扉，美妙的景观

与悠久的人文历史令海内外游客流连忘返。

西陵峡无峰不雄，无溪不美，无洞不奇，无壑不幽，无瀑不秀，无一处不可以成诗，无一处不可以入画，遍布着许多令人神往的游览胜地，最著名的是神奇莫测的石灰岩溶洞，仅从南沱到南津关间，就有大小溶洞174个，它们镶珠嵌玉般点缀在两岸幽深险峻的峭壁上，怪石突兀，姿态万千，足以让游人观赏不尽。其中较大而又著名的有石龙洞、白马洞、三游洞等。此外，西陵峡还有黄陵庙、陆游泉等古迹，峡北的秭归则为屈原的故乡，更有举世闻名的宏伟工程葛洲坝和雄踞世界水利史之冠的三峡大坝修建于此。

西陵峡风光精彩无限，古往今来，无数文人墨客在这里吟诗作赋，挥毫泼墨。屈原、昭君、陆羽、白居易、元稹、欧阳修、苏洵、苏轼、苏辙、寇准、陆游、冯玉祥等众多的历史名人都曾留下了千古传诵的名篇诗赋。其中，郭沫若《过西陵峡》一诗描绘了西陵峡壮美的风光，囊括了峡中的著名景观："秭归胜迹溯源长，峡到西陵气混茫。屈子衣冠犹有冢，明妃脂粉尚流香。兵书宝剑存形似，马肺牛肝说寇狂。三斗坪前今日过，他年水坝起高墙。唐僧师弟立山头，灯影联翩猪与猴。峡进天开朝日出，山平水阔大城浮。已归东土清凉界，应惩西天火焰游。五十年来天地改，浑如一梦下荆州。"

（二）自然景观

1.灯影峡

灯影峡，又名明月峡，位于莲陀镇至南津关之间，上起南沱，下至石牌，长8千米，峡谷呈南北向弯月形，峡内陡崖峭壁为石灰岩结构，奇峰异石遍布林立。三峡大坝建成后，许多雄奇秀美的三峡景色大为改观，唯有灯影峡融汇三峡之雄伟、奇幻、险峭、秀逸，保持了真正原汁原味的峡谷风光。灯影峡风情如画，传统的吊

脚楼点缀在山水间，久违的古帆船、乌篷船静泊门前，溪边少女挥槌洗衣，江上渔夫悠然撒网，形成了天柱峰、明月湾、蛤蟆泉、仙人桥、雪溪洞、灯影洞等众多峡江风情浓郁的景观。

灯影峡峡壁明净可人，纯无杂色，如天工细心打磨而成。两岸云鬟凝翠，飞泉漱玉，峡壁和青峰、江水相辉映，酷似一幅水墨国画，静影澄碧，江水瑟瑟，更添明丽之趣。若夜晚过峡，月悬西山，月光之下的山光水色形成的那种"净界"，难以言喻，"明月峡"由此而得名。灯影峡南岸的马牙山崖顶上有四块兀立的象形石，颇似《西游记》中唐僧、孙悟空、猪八戒、沙和尚师徒四人去西天取经，悟空开路，八戒牵马，唐僧合什，沙僧挑经，形象逼真，妙不可言。每当黄昏时分，落霞晚照，四石极似灯影戏（当地人叫"灯影子戏"）中的人物形象，惟妙惟肖，这就是"灯影峡"的由来。

峡中灯影洞素有"西陵峡畔第一洞"之称，幽深狭长，深约1500米，洞内岩溶地貌景观奇特，钟乳石、石笋、石幔错落有致，令人目不暇接，美不胜收。其中的"五色奇音石"色彩丰富，呈黑、白、黄、灰、绿五色交织，色界明晰，用手敲击，可闻鸣锣击鼓之声，令人叹为天音。洞内还有一条落差达30米的地下河，水流或状如洪钟，或潺潺悦耳，或悠如琴鸣，或缓缓无声，行走在这梦幻般的地下世界，令人心醉神迷。灯影峡上端北岸有天柱峰，直峰如柱，拔地参天，明代诗人薛东曾写诗描绘天柱山峰："根在乾坤未判前，不施斧凿自天然。冬雪凝寒排玉笋，晚霞飞彩簇金莲。可怜台榭常兴废，惟有兹山不纪年。"

　　灯影峡南岸扇子山下，原有一巨石豁然挺立，形如蛤蟆，其头、眼、鼻、嘴活灵活现，背上斑疱尤为逼真，故名叫蛤蟆石。其背后一股清泉喷珠溅玉，常年不断，状如水帘，声如琴琮，水清味甘，沁人肺腑，是烹茶、酿酒的上好水源，这就是著名的蛤蟆泉。唐代，"茶圣"陆羽品尽天下名泉后，誉之为"天下第四"，陆游亦有诗赞其为"天下泉中第四泉"。除二陆之外，苏辙、黄庭坚、王士禛、张之洞等历代文人墨客都曾在此或吟诗写文，或引吭高歌，留下许多风流佳话。如今，坐

在泉边古色古香的茶楼中,感江风习习,听泉水叮咚,啜一口香茗,真有陶然似醉、恍然若仙的感觉。

2.九畹溪

九畹溪位于西陵峡南岸、秭归新县城(茅坪)西部,距三峡大坝20千米,发源于云台荒南麓,杨林桥镇朱溪荒西北,入江口古名为巨鱼坊,依河段为三渡河、林家河、老林河、九畹溪河,统称九畹溪,全长46千米,是长江三峡支流中为数不多的大峡谷之一。九畹溪景区集探险、

休闲、观光为一体，是"观三峡大坝，览平湖风光"的重要组成部分，景区以奇山、秀水、绝壁、怪石、名花、异草闻名于世，自然风光原始独特，巴楚文化底蕴深厚。伟大的爱国主义诗人屈原早年在此开坛讲学，植兰修性，《离骚》中"余既滋兰之九畹兮，又树惠之百亩"即指此地。在欣赏自然风光的同时，划龙舟，观歌舞，祭拜屈原，峡江文化和屈原精神融合在自然的山水之中，自然景观与人文精神没有了界限。

九畹溪风景区分为水路和陆路两段旅游区，陆路起自九畹溪大桥，终至九畹溪漂流起点，沿途有问天简、神鬼石、巨鱼坊、求字碑、灵芝岩、古岩棺群、圣天观等近二十处人文景观与仙女山、界亚、情侣峰、神牛泉、将军岩、美女晒羞、干溪沟、问天地缝等十余处自然景观，景点密集丰富，巴楚文化色彩浓郁，令人神思飞跃，目不暇接。

水路的漂流亦是极具魅力，全长13.2千米的漂流河道分上下两段，上段为惊险刺激漂流，急滩上飞舟，激情四射，碧水迂回，两岸绝壁林立，沿途48座山峰姿态各异，可观赏笔峰石、望夫石、猴王寨、百宵图、仙女沐浴等美景；可领略原始森林古树、香草、长藤、奇兽的神韵；可探索800米青钟地缝的幽静惊险。下段为休闲观光漂流，高峡平湖相间，奇峰秀水争艳，两岸绿树葱茏，水面波光潋滟，青山绿水，相映生辉，畅游其间，沐浴着清新自然的山风，惬意无限，不仅能观赏情侣峰、天生桥、巨鱼坊等景观，还能领略到三峡大坝宏伟雄姿。

3.南津关

南津关位于西陵峡东口,离宜昌市中心城区10千米,距三峡大坝12千米,"水至此而夷,山至此而陵","三峡至此穷",锡箔般的江水从天际潋滟而来,在此逶迤而去,和瞿塘峡的入口夔门一样,南津关是三峡尾端的天然门户。南津关两岸绝壁耸天,陡壁直立,峰奇谷异,江面狭窄,成为长江上、中游的分界线。南津关地势险要,犹如细颈瓶口,锁住滔滔大江,"雄关蜀道,巍巍荆门",史称"上

收蜀道三千之雄，下锁荆襄一方之局"，历来为兵家必争之地。

长江一出南津关，便摆脱了高峡深谷的束缚，急剧南折，两岸山势坦荡，江面骤然变宽，江流由飞旋汹涌而渐趋平缓，水天一线，苍茫辽远，给人以"极目楚天舒"之感。关口内外，景色迥异，真是"送尽奇峰双眼豁，江天空阔而夷陵"，使人生"入峡喜崱岩，出峡爱平旷"之感。白居易《初入峡有感》一诗对此景描绘得十分生动形象："上有万仞山，下有千丈水，苍苍两岸间，阔狭容一苇。"南津关内飞瀑成群，古树密布，风情万种，有古驿道、古栈道、古演兵校场、二跌水瀑布、红岩落泪瀑布、宝莲飞天瀑布、蟾潭瀑布、三道关、野三峡等景观。

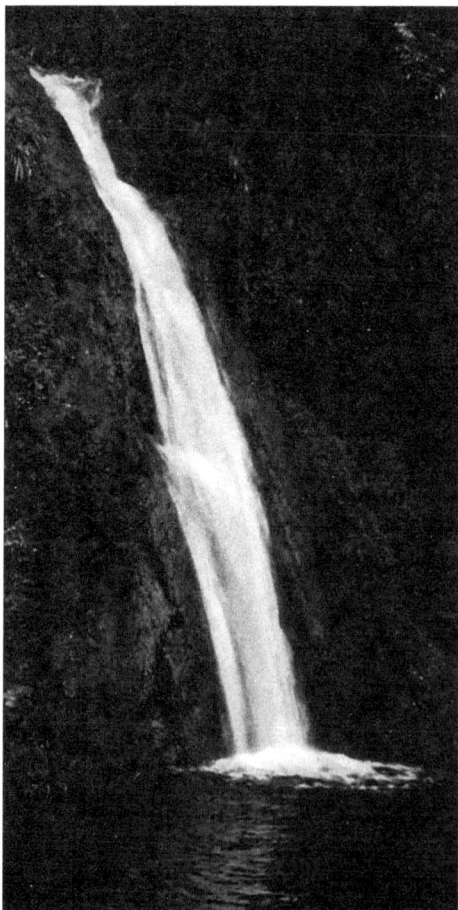

（三）人文古迹

1.屈原祠

屈原祠为纪念屈原而修建，位于秭归凤凰山，与三峡大坝遥相呼应，占地面积近2万平方米，总建筑面积5806平方米。屈原，名平，公元前340年诞生于秭归县乐平里，伟大的爱国诗人。他曾在古代楚国做过左徒和三闾大夫，后因奸臣排挤而被放逐江南，当楚国被秦兵攻破时，他愤而以身殉国，投汨罗江自沉。其《离骚》《九章》《九歌》等诗篇，声贯古今，名扬中外。1953年，联合国教科文组织将屈原列为世界文化名人。屈原祠依山面江，景色秀美，成为三峡库区一道亮丽的风景。每逢端午佳节，这里都举办龙舟竞渡，江上彩舟如梭，岸上游人如织，热闹非常。2006年5月，屈原祠被国务院列为第六批全国重点文物保护单位。

　　屈原祠原址在秭归归州城东五里的"屈原沱"处，始建于唐元和十五年（公元820年），北宋神宗赵顼诏封屈原为"清烈公"，其祠改名为清烈公祠，此后几百年内经历了多次重修，更名为"屈原祠"。因三峡大坝蓄水，将它迁至今址，且按原貌重建，2010年6月建成开放。屈原祠历经千年有余，饱经岁月风霜，几次迁徙，数次修缮重建，充分显示了屈原爱国爱民精神流芳百世，千古不朽。

新屈原祠由山门、两厢配房、碑廊、前殿、正殿、享堂、屈原墓组成，建筑群落规模宏大，古朴清幽，壮观肃穆，是屈原沱清烈公祠的15倍。新屈原祠最前面的牌楼及两侧配房的风火山墙，形成一个巨大的"山"字，构成高大雄伟的山门。牌楼为三层两重檐歇山屋顶，正立面贴六柱牌楼门式，两侧辅以圆形的风火山墙，以红柱白墙灰顶为主颜色。屈原祠正中为天明堂，中嵌郭沫若题"屈原祠"

三字，襄阳王树人所书"孤忠""流芳"分嵌左右额枋。大门入口门楣的匾额上，"光争日月"四个红底黄字分外夺目。大门的雕花石质门框、门槛以及大门两侧直径1米的菊花纹圆形石鼓，原是从屈原沱清烈公祠拆迁安装到归州屈原祠，后又搬迁至此，是具有数百年历史的文物。祠内塑有屈原铜像，通高6.42米，像高3.92米，头微低，眉宇紧锁，体稍前倾，迈动右脚，提起左脚，举步生风，仰观缅怀，令人感到一种来自圣哲灵感美的心灵震撼，远古的风，轻轻地掀动着青铜屈原的衣角，天空悠远的白云，努力拭去屈原岁月的苍凉，却抹不去屈原满目的惆怅。铜像两侧，建有东西碑廊，镌刻着屈原《离骚》等许多著名诗集和一些历代诗人墨客赞誉屈原的诗句，游人徜徉于此，顿生万千情愫。

2.黄陵庙

黄陵庙坐落在西陵峡中段长江南岸黄牛岩下宜昌市夷陵区三斗坪镇,矗立于波澜壮阔的长江江边,是长江三峡中保存较好的唯一一座以纪念大禹开江治水的禹王殿为主体建筑的古代建筑群。黄陵庙古称黄牛庙、黄牛祠,又称黄牛灵应庙,其年代久远,始建于战国时期,意在纪念黄牛助禹王开峡之功绩。三国时,诸葛亮率师入蜀,路经此地,因感禹王治水的功绩而重修黄牛祠,并立碑题刻《黄牛庙记》。

宋代文学家欧阳修任夷陵县令时，认为神牛开峡之事纯属无稽之说，只信禹王开山之功，故更名为黄陵庙，沿用至今。为此，他还特地写了《黄牛峡祠》："江水东流不暂停，黄牛千古长如故"，"黄牛不下江头饮，行人惟向江中望"。现存的建筑，是明万历四十六年（公元1618年）仿宋式建筑重修的。近年来，已几经修缮并续建若干辅助设施。黄陵庙前临汹涌大江，后倚高岩如屏，四周橘林掩映，气势宏伟，风光绮丽。2006年，黄陵庙作为明代古建筑，被国务院批准列为第六批全国重点文物保护单位。

黄陵庙院外，山景优美，橘林环绕，群峰苍翠；院内，红墙黄瓦，金碧辉煌，山门、戏楼、禹王殿、武侯祠等依次建造在逐级升高的台地之上。黄陵庙现存山门为清光绪十二年（公元1886年）冬季重新修建的，为砖木结构建筑，山门外尚有石阶三十三步又十八级，寓意三十三重天和十八层地狱。禹王殿殿前石碑上刻有诸葛亮《黄牛庙记》，西侧3米多高的石碑上有乾隆三十八年（公元1773年）刻的《凿石平江记》，记录了当时治江工程的情况。

禹王殿为重檐歇山顶，穿斗式木结构建筑，八架椽屋。面阔进深均为五开间，面阔18.44米，进深16.02米，通高17.74米，重檐九脊，青瓦丹墙，色调和谐，古朴庄重。殿额上悬有两块木匾，其中的棕底绿色匾上的"砥定江澜"，一说是慈禧太后所题，一说为爱新觉罗·齐格所题；下面题为"玄功万古"的盘龙金底黑字匾，是署名"惠王"的题书，字体刚劲浑厚，巨匾边框浮雕游龙，飞金走彩，颇为富丽。殿内立有36根两人合抱的巨柱，蔚为壮观，柱上浮雕九条蟠龙，形态各异，栩栩如生。殿的左侧立有"水文柱"，柱上挂一木牌，上书："庚午年（公元1870年）洪水至此"，这是极为珍贵的水文原始资料，记录了三峡有史以来最高的一次水位。庙内还存有许多记载洪水水位的碑刻，具有很高的水文资料价值。

3.三游洞

三游洞位于宜昌市区西北10千米西陵山北峰的峭壁间，背靠西陵峡峡口，面临下牢溪高岚森谷，三面环水，一面连山，洞景奇绝，山水秀丽，山水洞泉浑然一体，亭台楼阁交相辉映。三游洞因景色绮丽，曾被古人喻为"仙境""幻境""桃

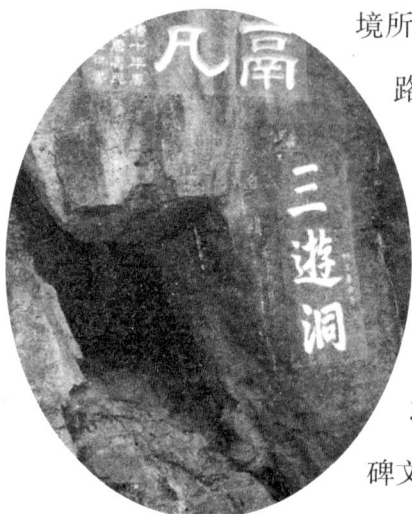

源洞"，宋代欧阳修被三游洞的奇妙意境所陶醉，赞誉"仙境难寻复易迷，山回路转几人知？惟应洞口春花落，流出崖前百丈溪"。历代途经夷陵的人，大都到此一游，并以楷、隶、行、草各种字体和诗歌、散文、壁画、题记等形式写景抒怀，镌刻于石壁之上，至今洞内外尚存各种壁刻和碑文四十余件。风景区内主要有张飞擂鼓台、至喜亭、楚塞楼、世界华人印章石园、抗战纪念遗址、刘封城遗址、津亭、山谷亭、长廊、观峡洞、栈道等遗址和景点，或依山而建，或临江而筑，高低错落，妙趣横生。

三游洞是古代地下水沿石层面不断溶蚀，并经过塌陷形成的石灰岩溶洞，地质年代为寒武纪，距今约五六亿年，苏轼认为它"洪荒无传记，想象在义娲"，但其成为著名古迹和游览胜地始于唐宋时期。清代龚绍仁诗云："夷陵有

夷山，夷山多名洞。三游最著名，宣传自
唐宋。"据史料记载，唐元和十四年（公
元819年），诗人白居易由江州（今江西九
江）司马升任忠州（今四川忠县）刺史，与
其弟白行简途经夷陵，在此巧遇莫逆之
交元稹。诗人元稹由通州（今四川达县）
司马调迁虢州（今河南灵宝）长史，客居
夷陵。白居易《夷陵赠别元微之》写道：

"夷陵峡口明月夜，此处逢君是偶然。坐
从日暮唯长叹，语到天明竟未眠。"元白
三人结伴泛舟下牢溪，发现古洞，"初见

石如叠、如削，其怪者如引臂、如垂幢，次见泉如泻、如洒、其奇者如悬练、如不绝线"，三人进入洞中，但见"水石相薄，磷磷凿凿；跳珠溅玉，惊动耳目"，"俄而峡山昏黑，云破月出，光气含吐，互相明灭，晶莹玲珑，象在其中，虽有敏口，不能名状"。于是元、白三人恋恋不舍，置酒畅谈，彻夜不寐，借景生情，各赋古调诗二十韵一首，并由白居易"序而记之"。现洞中尚存明代重刻的白居易《三游洞序》碑石，诗已失传。三游洞即由此得名。

到了宋代，三游洞已成为南方游览胜地。著名文学家苏洵、苏轼、苏辙父子三人于宋仁宗嘉祐四年（公元1059年）冬，从故乡眉州（今四川眉山）一同赴汴京（今河南开封）受任，途经夷陵，寻胜游洞，赋诗唱和。苏洵诗云："洞中苍石流成乳，山下寒溪冷欲冰。天寒天子苦求去，我欲居之亦不能。"苏轼诗云："冻雨霏霏半成雪，游人履冷苍苔滑。不辞携被岩底眠，洞口云深夜无月。"苏辙诗云："昔年有迁客，携手过嵌岩。去我岁已百，游人忽夏三。"人们称白居易三人之游为"前三游"，而称苏轼父子三人之游为"后三游"。从此，三游洞名传天下，游历者络绎不绝。

三游洞形若覆蓬，下临深谷，峭壁百丈，地势险峻，清人鲁先榜描述它是"四望皆山，一峰出众；峻岭之间，横开一洞"。洞门藤蔓倒挂，随风飘拂，前有一副对联："蜀巴荆楚之间奇观有此，元白

苏黄之后游者其谁"，对联的正上方有摩崖镌刻"洞天福地、窈窕虚明"的大字。

三游洞洞室开阔，呈不规则长方形，深约30米，宽约23米，高约9米。洞中岩石折叠起伏，断裂纵横，有三根似圆若方的钟乳石柱，垂直平行横列，将洞隔成相通的前后两室。前室明旷，诗文满壁，错落有致，琳琅满目，并陈列有白居易、白行简、元稹三人的汉白玉石刻像，若明若暗，惟妙惟肖。洞的正中，耸立着一块高大青石碑，是明神宗万历年间夷陵知州匡铎重刻的白居易所撰《三游洞序》和匡铎所撰《跋》，碑文为明代徐斐然书篆并镌。后室幽奥，自然古朴，深邃幽静，洞顶之悬石，击之有声，名为"天钟"；地面之凸石，跺之有声，取名"地鼓"，故有"天钟地鼓"之说。洞壁上有几个小洞，即所谓"洞中有洞"，但可望而不可入。唯左壁有一耳洞，佝偻扶壁前行十几步，可通于洞外，洞外峰峦竞秀。

三游洞洞外亦是风景如画，景点众多。洞外下牢溪旁，陆游泉水清澈如镜，涓涓不息，水珠剔透，嗅之清新，掬之凉爽，饮之甘甜，有"神水"之称。半壁石亭依山而建，古朴凝重，陆游曾在此汲水煎茶，并题诗于石壁上，流传至今。三游洞山顶，仿古建筑楚塞楼在郁郁葱葱的群峰之间，显得气势非凡，格外壮观。登楼四望，重峦叠翠，风韵多娇，西览山重水复的峡江画廊，东眺举世闻名的葛洲坝，正如白居易在《三游洞序》中所云："斯境胜绝，天地间其有几乎！"面临大江处，有一柱形石峰，上有小平台，便是著名的张飞擂鼓台。据传，三国时期猛将张飞曾在此台擂鼓督练兵士。猛将张飞的塑像背依幽深峡谷，下临滚滚长江，环眼圆睁，虎须戟张，巨臂挥锤，左足蹬石，怒目凛然，威猛而有生气，再现了这位古代名将的勃勃英姿。与此台相邻的是由宋代欧阳修作记的至喜亭，今为仿宋建筑，

造型独特，底层三亭"品"字形排列，飞檐红柱，黄琉璃瓦屋面，青石雕花栏杆，重檐翼舒，耸构巍峨。登楼凭栏，西看西陵巴山蜀水一览无余，东望葛洲坝雄姿尽收眼底，极目远眺，天水相接，大江东去，顿使人心旷神怡。宋代诗人范成大在《峡州至喜亭》中吟咏了这一景色："断崖卧水口，连冈抱城楼。下有吴蜀客，樯竿立沧州。雨后涨江急，黄浊如潮沟，时见出峡船，铙鼓噪中流。适从稠滩来，白狗连黄牛。涡喷大如尾，九死争船头。人鲜尚脱免，虎牙不须忧。"

4.嫘祖庙

嫘祖庙又名西陵山庙，耸立于西陵山巅，海拔108米，始建于晋朝，为纪念黄帝正妃嫘祖而建。宋朝时期，列为"峡州八景"之一。嫘祖又名雷祖、累祖，民间蚕农称之"蚕母娘娘"，为中国最早的第一夫人，是"中华民族之母"。据说"嫘"是一个象形字，为后人所造，左边的"女"字旁表示女性，右上的"田"表示的是黄帝，"丝"表示的是嫘祖娘娘，因古代男尊女卑，故"田"在上，"丝"在

下。1940年，该庙毁于日军侵华战火。为弘扬中华传统文化，1993年重建于西陵山。每年农历三月十五日是嫘祖生辰，嫘祖庙举行先蚕节，盛况空前。

相传，黄帝与蚩尤争斗之时，在南下西陵后与当地的村女嫘祖结为伉俪。司马迁《史记·五帝本纪》记载："黄帝居轩辕之丘，而娶于西陵之女，是为嫘祖。嫘祖为黄帝正妃，生二子，其后皆有天下：其一曰玄嚣，是为青阳，青阳降居江水；其二曰昌意，降居若水。昌意娶蜀山氏女，曰昌濮，生高阳，高阳有圣惠焉。"嫘祖美丽聪慧，发明了养蚕、缫丝和纺织，并教之于民，她辅佐黄帝，协和百族，统一中原，首倡婚嫁，母仪天下，福祉万民，建立了光照千秋的功业。唐代著名韬略家赵蕤所题唐《嫘祖圣地》碑文称："嫘祖首创种桑养蚕之法，抽丝编绢之术，谏净黄帝，旨定农桑，法制衣裳，兴嫁娶，尚礼仪，架宫室，奠国基，统一中原，弼政之功，没世不忘。是以尊为先蚕。"

嫘祖庙的主体建筑嫘祖殿占地925平方米，建筑面积为1217.27平方米，殿高26.53米，明两层，暗四层，多层重檐，黄瓦红墙，角刺云天。正中是"人文初祖"横额，两侧有一副楹联："轩辕宏恩比宇宙，嫘祖浩绩贯乾坤"，肯定了嫘祖与黄帝齐名的始祖地位。进入嫘祖殿堂，一副长联跃入眼帘："桑绿四野衣被万民伟哉斯功煌煌嫘祖华夏圣母；丝连九州迹耀千载荣兮兹土灿灿元妃楚峡蚕娘"。大殿顶端，有精工彩绘、富丽堂皇的龙凤呈祥图案，其下有8组16个斗拱、28只丹凤，代表炎黄子孙遍布五湖四海，四面八方。殿内供奉着嫘祖塑像，左右各有一位侍女相随，侍女手中一个捧着蚕茧，一个捧着金梭，而位于其中的嫘祖母仪端庄，神态安详，手拿蚕茧抽丝，仿佛正在讲授着养蚕、缫丝的技艺。

五、长江三峡临近景观

长江三峡的文化是开放的，上接巴蜀，中塑荆楚，下通吴越，共同塑造了长江文明；长江三峡的景致也不是孤立的，无论是溯江而上还是顺流而下，无论是两峡之间还是临峡沿线，既有原始而美丽的自然风光，又有历史文化风韵和人文遗迹，可谓是数不尽的景观，道不完的风情。在旅游学意义上，它们是长江三峡景区和三峡工程库区的一部分。

（一）丰都鬼城

丰都鬼城位于重庆忠县和涪陵之间的长江北岸边，距重庆市区172千米，下游距宜昌476公里，是顺游长江三峡的第一个旅游景区。狭义的鬼城指丰都名山，广义的指丰都县，传说这里是人死后灵魂归宿的地方，也就是《西游记》《说岳全传》《封神演义》《聊斋志异》等书中所说的阴曹地府、鬼国幽都。众多名著极尽生花之笔，尽情渲染，使鬼城越发神奇怪诞，唐代诗人李白写就"下笑世上士，沉魂北丰都"的诗句，更使鬼城之名远扬。丰都鬼城是集儒、道、佛教文化为一体的民俗文化艺术宝库，在庞大的阴曹地府里仙道释儒、诸神众鬼盘踞各庙，等级森严，各司其职，并以苛刑峻法统治着传说中的幽灵世界，堪称"中国神曲之乡"。

关于丰都鬼城的来历，历史上众说纷纭。一说汉代方士阴长生、王方平在名山修道成仙，白日飞升，后人把"阴""王"二姓结合起来，附会成了"阴王"——阴间之王，阴王居所即为"鬼都"。后以讹传讹，丰都名山便成为传说中人死后的归宿之地，逐渐演变成令人谈之色变的"鬼城"。一说东汉末年，张道陵创立五斗米教，吸收了不少巫术，逐步演变成为后来的"鬼教"。后来，其孙子张鲁在丰都设立道教"平都治"，道教

又杜撰出一个"罗丰山"，说它是专管地狱之神北阴大帝治理的鬼都，就这样把丰都变成了鬼城。另一说源自佛教"阎罗王"，"阎罗王"是梵文的音译，原为古印度神话里管理阴间之王，佛教沿用此说法，称为管理地狱的魔王。据《一切经音义》称，"阎罗王"即"平等王"，他能平等治罪，传说中的"阎罗王"住在丰都，"鬼城"由此得名。

后来，丰都鬼城经过历代统治阶级的不断刻意渲染和历代文人、官吏通过小说、诗词、游记和碑文的描述，更加神秘怪诞。而丰都鬼城也仿阳间司法体系，逐渐营造了一个等级森严，融诉讼、逮捕、羁押、庭审、判决、监狱、酷刑和教化功能为一炉的"阴曹地府"以惩治生前作奸犯科者。它从虚幻到实物，经历了两千多年的历史，将建筑、雕塑、绘画等多种艺术形式结合起来，将佛教、道教、儒家学说以及中国鬼文化有机结合起来，将民间神话传说想象与现实结合起来，将巴渝文化、中原文化和域外文化结合起来，形成了如今天下闻名的"丰都鬼城"和"鬼城文化"，集中反映了中国人的神和鬼、天堂和地狱的观念。古往今来，有段文昌、李白、白居易、吕纯阳、李商隐、杜光庭、三苏父子、范成大、陆游、王士禛等名士，都曾慕名而来，登临此山，观光览胜，鬼城盛名相沿，誉载寰宇。

丰都鬼城古色古香，显得神秘、奇妙、庄严、肃穆。景区江山一脉，怪石林立，千状万态；林木苍翠，古树参天，绿藤绰绰；流水潺潺，曲径通幽；暮鼓晨钟，木鱼玉磬，古音悠悠；朝霞夕照，峡雾香烟，风光醉人；名人骚客留墨遗雅，碑刻诗联韵味隽永；而错落有致的楼台亭榭，巧夺天工的庙宇殿堂，惊心动魄的神王鬼卒，更显鬼城的阴森恐怖。奈何桥、鬼门关、阴阳界、黄泉路、十八层地狱、星辰墩、寥阳殿、玉皇殿、天子殿、无常殿、

上关殿、九蟒殿、报恩殿、考罪石、孽镜台、二仙楼、望乡台等著名景观，化顽儆奸，惩恶扬善，叙说神奇。

奈何桥系三孔石拱桥，原名"通仙桥"，后来为顺应阴曹地府之说，方称为奈何桥，桥下石池称血河池。据考奈何桥为明代建筑，距今已500多年。桥两旁各设镶花栏杆，桥面青石铺盖，为廖阳殿门前的一座装饰桥。桥下血河池常盛一潭碧水。

鬼门关位于名山顶部，是进入"天子殿"的外门。古式楼亭，四角飞檐，大门匾额横书"鬼门关"三个黑体大字，一副长联云："名山并非冥山搜纵觅横何曾找着罚孽刑鬼；阴王那是阴王张冠李戴原来为了化顽慑奸。"意在劝诫人们在阳间多做善事，多积德。

天子殿神奇刺激，撼人心魄。阴森森的殿中央，身高6米的天子爷赫然高坐，神目如电，左右朝臣俯首听命，谦恭有加；座前四大判官或捧生死簿，或握勾魂索，秉公执法，惩恶扬善。堂下十大阴帅，威风凛凛对排肃立，莫不逼真。

天子殿左右廊房设东西地狱，又名十八层地狱，上塑执法诸王，下塑各种刑罚。东地狱塑磨推、挖心、火烙、寒水、上刀山、车裂等地

狱和"活捉三郎""活捉子都""唐王游地府""刘全献瓜"等组像;西地狱塑碓舂、锯解、下油锅、拔舌、补经、转轮等地狱和"活捉王魁""活捉秦桧""杀狗警妻""目连救母"等组像。种种酷刑无不令人惨不忍睹,毛骨悚然。

每年农历三月三日,丰都鬼城举办浓郁特色的"鬼城庙会",车船爆满,游人如织,"阴天子娶亲""城隍出巡""钟馗嫁妹""鬼国乐五"等民俗民风游行表演,惊奇谐趣,令人目不暇接,叹为观止。

丰都鬼城，以其悠久的历史、独特的文化、神奇的传说、俊秀的风光和难以替代的观赏研究价值，展示出神秘的东方神韵。

（二）忠县石宝寨

石宝寨位于忠县城东45千米处的长江北岸，距重庆市区190千米。石宝寨有一块高达50多米的巨石临江而立，因其孤峰拔地而起，四壁如削，形若一方硕大无比的玉印，得名玉印山，相传为女娲补天所遗的一尊五彩石，故又称为石宝。明万历年间，借助铁索在玉印山顶始建天子殿，明末谭宏率起义军曾据此为寨，故称为石宝寨，后经康熙、乾隆年间修建完善。三峡工程兴建后，石宝寨景区采取就地"护坡仰墙"的保护方式，沿玉印山周围修筑一圈护坡，同时在护坡上修建1米高的墙，把整个石宝寨围堤加固。如

今，石宝寨四面环水，已由山寨变成"水寨"，成为一处镶嵌于长江三峡库区的大型江中"盆景"。石宝寨是国家4A级旅游景区、国家重点文物保护单位。

石宝寨古朴雅致，是我国现存体积最大、层数最多的穿斗式木结构建筑，为"世界八大奇异建筑"之一。石宝寨依崖取势，整个建筑由寨门、寨身、阁楼、寨顶石刹组成，点翠流丹，飞檐展翼，甚为壮观。寨门为砖石结构，高6米多，门额横书"梯云直上"，喻登天云梯，再向上题有瓷嵌"小蓬莱"三字。寨门正反两面,有"五龙捧圣""哪吒闹海"等浮雕,精巧细致,栩栩如生。由寨门攀登到寨顶,要通过依山而建的层楼飞阁。阁共12层,皆三方四角,错落有致,原建9层,隐含"九重天"之意,顶上3层为1956年修补建筑时所建;通高56米,全系木质穿斗结构,由一条迂回曲折的转梯相连,每一层石壁上都有历代流传下来的石刻、画像和题诗。虽历经三百多年岁月,楼阁仍然坚固如初,丝毫未损。

寨顶是一个占地1200平方米的石坝,海拔230米,上有创建于清朝前期的古刹天子殿,为此寨最高点。天子殿,又名兰若殿,分为前、正、后三殿,殿内装饰华丽,幡幢林立,流金溢彩。前殿为护法殿,殿中有忠义神武的关圣大帝和象征风调雨顺的四大天王塑像;正殿为玉皇殿,殿中塑有3米多高的玉皇大帝坐像,庄严神圣;后殿为

王母娘娘殿，殿中有形态逼真的王母娘娘和七仙女塑像；两边为厢房，分别雕有"八仙过海"和"瑶池祝寿"大型花岗石浮雕。凭栏远眺，滚滚长江，水天茫茫，碧空帆影，景色无限，气象万千，心胸顿时为之开阔。古刹后殿，有一石孔，口大如杯，称"流米洞"。传说寨上修起庙宇后，这石孔每天都会流出一些米来，正巧供庙内和尚食用，故又称"石宝"。后来，有和尚动了贪念，将其凿大以求得更多的米，结果却适得其反，石洞自此粒米不流。寨内还有三组雕塑群像，取自三个故事：其一为巴蔓子刎首保城的故事，其二为张飞义释严颜的三国故事，其三为巾帼英雄秦良玉的故事。

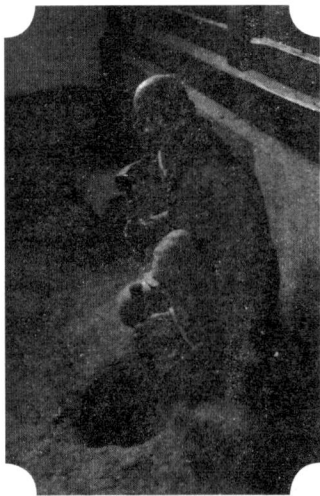

石宝寨布局处理灵活巧妙，造型奇异，别具匠心，巧夺天工，无论是轴线安排、大门位置、楼梯设计还是外形处理，均不受理论约束，因而成为我国南方民间奇异建筑艺术的一朵奇葩，成为长江

三峡黄金旅游线上集山、水、古建筑景观于一体的"江上明珠",闻名遐迩,蜚声中外。

(三)云阳张飞庙

张飞庙,又名张桓侯庙,位于盘石镇龙安村,与云阳新县城隔江相望,离重庆市区350千米。三峡工程启动后,张飞庙从原云阳老县城对岸的飞凤山麓溯江而上32千米,搬迁至今址。张飞庙系为

纪念三国时期蜀汉名将张飞而修建，始建于蜀汉末期，后经宋、元、明、清历代修葺扩建，已有1700多年历史。清乾隆皇帝下江南曾御笔亲题："雄起起吓碎老曹肝胆，眼睁睁看定汉室江山"，赞张飞雄风。相传勇毅刚直的张飞急于为义兄关羽报仇，在阆中被部将所害，其部将在投奔东吴途经云阳时得知吴蜀讲和，便将张飞头颅抛于江中。有渔人夜得张飞托梦后，到江中打捞起张飞头颅，葬于飞凤山麓，并立庙纪念，故有"张飞头在云阳，身在阆中"之说，传得神乎其神。张飞庙将其丰富的历史文化内涵、建筑艺术与自然环境有机结合，历来是长江三峡黄金旅游风景线上的重要景观，参观、拜谒者络绎不绝。

张飞庙临江而立，依山取势，殿宇群气象巍峨，匠心独运，气势宏伟壮丽。庙前临江石壁上书有"江上风清"四个大字，字体笔力浑厚，雄劲秀逸，旁边还镌刻有"正气浩然""义气千秋"字样。庙内由结义楼、望云轩、杜鹃亭、助风阁、得月亭、戏台、大殿、偏殿、障川阁、听涛亭和廊庑等组成，布局严谨，层叠错落，独具一格，古色古香。在总体布局上，张飞庙采取了宅院民居的处理手法，山门、结义楼、戏台、大殿依山就势围成一个主体院落，与望云轩、偏殿、助风阁形成的两个次要院落构成"品"字形布局，把多进院落揉为一体，层次分明，富于变化，既有北方建筑雄奇的气度，又有南方建筑俊秀的质韵，更有园林点染、竹木掩映、曲径通幽、流水潺潺，素有"巴渝胜境"的美称。

张飞庙的大门颇为迥异，不是开在正前方，而是开在侧面墙上，并且是斜错着开的，可谓"歪门邪道"，据说，张飞永远心向蜀汉，所以庙门也要对着成都的方向。门前为清代书画家彭聚星所书的一副对联，上联为：卅里风，舟船助顺，

直与造化争权，况淑气东来，定能焕刁斗文章，落花随水留樯燕；下联为：万人敌，召虎侔踪，自是忠忱扶汉，从惠陵西眺，得无念故宫禾黍，望帝有心托杜鹃；横批是：山水有灵。这是渝东地区最长的一副楹联，共68字，概括了张飞的生平以及张飞庙的传说。步入庙门，映入眼帘的是嵯峨高耸的结义楼，楼名取意于当年刘备、关羽、张飞"桃园三结义"的传说。楼上有桃园结义雕像供人瞻仰，人物形象栩栩如生。楼宇飞檐正对江心，凭栏远眺，长江边上的云阳城，如舒展的画卷。

张飞庙正殿琉璃作瓦，红漆染柱，高阔轩昂，巍峨肃穆，给人以神圣之感。正中悬挂着一幅巨大的"力扶汉鼎"匾额，其下是威猛的张飞塑像，两侧是战马护卫，不由让人想起张飞当年高大威猛、声若巨雷、气势如奔马、勇猛善战、粗中有细的形象。两侧分别置放着张飞"长坂退敌""怒打督邮""义释严颜""阆中遇害"四座雕像。此外，庙内望云轩幽静雅致，杜鹃亭气宇轩昂，助风阁挺拔峻伟，得月亭卓立精巧。东西两侧的古木修篁、石径苍苔间，清泉叮咚，飞瀑轻扬，幽深静谧，使庙堂建筑和自然环境浑然一体，古朴自然。

张飞庙蜚声海内外，不仅因为其建筑奇特，更在于其深厚的文化底蕴。张飞庙内收藏有自汉唐以来的石刻、木刻、书画及其他文物千余件，令其"张祠金石，甲于蜀东"。庙内现存石碑和摩崖石刻计有360余幅，木刻书画200余幅，书画

作品自汉唐至明清各代，其中木刻颜真卿书《争座位帖》，气韵生动，行草兼备；石刻苏轼作前、后《赤壁赋》大字长卷，遒劲有力；石刻岳飞书诸葛亮前、后《出师表》，是目前国内仅存的五套岳飞真品题刻之一，赞曰"三绝"（文章绝世、书法绝世、镌刻绝世）；黄庭坚书《唐韩伯庸幽兰赋》，笔走龙蛇，气势雄劲；明代理学家王阳明所书《客座私祝碑》，现为国之孤品；郑板桥书写的诗文和竹石、兰石绘画，件件珍贵……名家荟萃，流派纷呈，各领风骚，实为罕见。此外，尚有刘墉、张船山、竹禅、赵熙、郭尚元、张潮庸、刘贞安等人的木刻字画，琳琅满目，美不胜收，张飞庙也因此素有"文藻胜地"之盛誉。张飞庙蕴藏的丰厚的文化韵味，令人赞叹不已，流连忘返。

(四) 大宁河小三峡

大宁河小三峡, 又称巫山小三峡, 是长江第一大支流大宁河下游流经巫山境内的龙门峡、巴雾峡、滴翠峡的总称, 南起巫山县, 北至大昌古镇, 全长约50千米, 以山雄、峰秀、水清、景幽、石美为特色, 人称"小三峡"。小三峡与长江大三峡毗邻, 物华天宝, 钟灵毓秀, 旅游资源丰富, 名胜古迹众多, 被人誉为"中华奇观""天下绝景"。景区内峻岭奇峰多姿

多彩,飞瀑清泉清幽秀洁,悬崖古洞神秘莫测,山林竹木茂密繁盛,多种鱼类畅游河底,各色鸟类展翅纷飞,猴群结队攀树嬉戏,更有迷存千古的巴人悬棺、船棺、古寨和神秘的古栈道,古风浓郁、精巧质朴的大昌古镇等珍贵的历史遗迹,在这天然氧吧里作绿色深呼吸,在这原始幻境中览古今奇观,在这历史遗韵中做时空穿越,令人流连忘返,回味无穷。

小三峡荟萃自然之美,蜚声中外,闻名遐迩,成为长江三峡黄金旅游水道线上绝妙的旅游胜地,有"曾经沧海难为水,除却宁河不是峡;五岳归来不看山,宁河归来不看峡"之颂。相比大三峡,小三峡的风光更为奇特绮丽,"不是三峡,胜似三峡",因而有"三峡山水甲天下,宁河山水甲三峡"之说。1991年,大宁河小三峡被评为中国旅游胜地四十佳之一,2007年,小三峡—小小三峡被评为国家5A级旅游景区。

龙门峡从龙门峡口至银窝滩，主峡区3千米。峡口龙门犹如瞿塘峡的"夔门"，雄壮巍峨，"不是夔门，胜似夔门"，故有"小夔门"之称。峡谷两岸峰峦耸立，绝壁摩天，天开一线，形若一门，险峻峥嵘，素有"雄哉，龙门峡"之誉。峡谷内河滩险绝，清流湍急，河底色彩斑斓的卵石历历可数；悬崖上翠竹垂萝，摇曳多姿，满山苍翠，茂密繁盛，遮天蔽日；山中四时变幻莫测，云雾缭绕，幽丽可人，如临仙境。峡中有传为中国最长的古栈道遗迹的起点处及龙门桥、龙门泉、青狮卫门、九龙柱、灵芝峰等胜景。出峡口便是滩险流急的银窝滩，旧时行船异常艰险，多有于此颠覆，故有此称，取其水底之财宝之意。船行其间，

有"巴水急如箭,巴船去如飞"之感,人在船中,惊而不险,别有奇趣。

巴雾峡,因峡中支流巴雾河而得名,又名铁棺峡,因其东岸离水面四五米高的绝壁石缝中还有一具黑色的悬棺,俗称"铁棺材",故名。巴雾峡从乌龟滩至双龙,长10千米,山高谷深,碧流静淌,云雾迷蒙;钟乳密布,千奇万状,怪石嶙峋,形成一组组天然雕塑,似人、似物、似兽,妙趣横生。舟游峡中,峰回路转,石出疑无路,转弯别有天,向有"奇哉,巴雾峡"之赞。峡中有龙进山、虎出山、马归山、猴子捞月、回龙洞、仙女抛绣球、仙桃峰、观音坐莲台、八戒拜观音等景观。巴雾峡悬棺众多,据考证悬棺之葬始于西周,止于明代,有些悬棺已相距2000余年,却依然完好无损,实乃中外罕见。

滴翠峡从双龙至涂家坝,长20千米,是小三峡最长、最幽深、最秀丽的一段峡谷,既有气势磅礴的大观,又有玲珑剔透的小景。峡中无峰不峭壁，有水尽飞泉，群峰竞秀，杂花生树，林木葱葱，翠竹绿绿，清新之感，难以言喻；瀑布凌空，飞珠溅玉，恰如千条银带从云空飘洒下来；一江碧流，涛声醉人，鸳鸯戏水，鱼翔浅底；群鸟乱飞，群猴攀援，猿声阵阵，空谷传音，饶有野趣，构成了一条美妙动人的自然山水画廊，因而有"幽哉，滴翠峡"之赞和"无限秀美处，最是滴翠峡"

之誉。峡中钟乳石遍布,石石滴水,处处苍翠,可以欣赏到水帘洞、摩崖佛像、天泉飞雨、罗家寨、绵羊滩、登天峰、赤壁摩天、双鹰戏屏、红屏翠莲、飞云洞等绚丽多彩的景色。其中,水帘洞瀑布像白绫缥缈,红屏翠莲像莲花似的乳石倒挂在红色悬崖上,天泉飞雨从高山岩洞流出,"飞流直下三千尺",化为一片水花,满峡飞舞,天然美景活像神仙境界。而赤壁摩天是一片高达数百米的峭壁,如刀削一般,直插云天,在阳光的照射下,金光闪闪,赤壁之谓,名副其实。

(五) 马渡河小小三峡

马渡河小小三峡位于滴翠峡境内的大宁河的支流马渡河上，是长滩峡、秦王峡、三撑峡的总称，全长约20千米。马渡河发源于大巴山深处，江水自东北流向东南，最后在滴翠峡登天峰注入大宁河。马渡河的得名，据《巫山地名录》记载："明洪武，进取明升，骑马两路，由此而渡，遂名。"小小三峡是大宁河小三峡的姊妹峡，因比大宁河小三峡更小，故名。这里原始植被保持完好，沿途翠色映目，随处生就离奇钟乳，满天飘洒飞瀑雨雾，集幽、秀、翠、美、怪、奇于其中，充满浓郁的诗情画意，真是"两岸无石不奇秀，悬岩有水尽飞花"的世外桃源。

小小三峡风光旖旎，生机盎然，奇峰多姿，山水相映；水流平缓，清澈见底，色若翡翠，明如琉璃；两岸山势奇峻，悬崖对峙，壁立千仞，河道狭窄，天开一

线，透露出遮挡不住的诱惑。山岩上倒垂的钟乳石，奇形怪状，千姿百态，散发着原始古朴的气息。舟行其间，夹岸风光无限，满目苍翠，美观至极，如入仙境。仰望小小三峡，两岸山峰高耸，气势雄险，犹似要合抱一般，气魄十分雄伟；俯看，河水清澈如镜，偶有鱼群游过，引人竞相捕捉，激起层层水花，于阳光下灿灿闪耀；侧观，沿岸多有色彩斑斓的卵石，时见古生物化石，妙趣横生。

长滩峡水平如镜，山水掩映，幽深神秘，奇绝原始，有滴水岩、聪明泉、手爬岩、穿洞子等景致。秦王峡山清水秀，幽深静谧，水流平缓，清澈见底，是漂流游览的最佳地段。秦王峡东岸有一溶洞，相传明代有一位姓秦的人，尊皇命于此熬硝监制炸药有功，朝廷封其为秦王，洞遂名"秦王洞"，峡亦名"秦王峡"。峡内有望乡台、虎头岩、黄龙过江、鲤鱼跃龙门、仙女迎宾、仙乐钟、罗汉堂等景点。

三撑峡河道狭窄，水流湍急，景幽水秀。逆水上行，必用篙竿不停地撑船，故有"三撑"之说。这里原始植被完好，沿途翠色映目，随处生就离奇钟乳，满天飘洒飞瀑雨雾，充满浓郁的诗情画意，穿行其中，返璞归真、拥抱自然的情趣油然而生。峡内有鹿回头、寿星峰、石柱湾、相思泉、龙虎潭、八戒过河、母亲石、月亮寨等景观。

（六）神农溪

神农溪是长江走出巫峡进入香溪宽谷之后的第一条支流，因传说古代神农炎帝在搭架采药后顺溪而下得名。它流经湖北省巴东县境内，发源于神农架南坡的莽莽青山之中，蜿蜒奔流60余千米，分3个峡段（龙昌峡、鹦鹉峡、神农峡）和1条支流（绵竹峡），

最后在巴东县境内的西壤口悄然投入浩瀚长江的怀抱。据统计，神农溪景区有百米高的瀑布8处，象形山石30余处，大小溶洞60余处，各类植物如珙桐、腊梅、香菊、天葱、母木莲、香果树、岩白菜等3700多种，其中30多种受到国家重点保护，各类动物如飞鼠、金丝猴、苏门羚等1000多种，其中有40多种受到国家重点保护。

作为一条典型的峡谷溪流，神农溪

两岸风光奇美，峰峦紧束，山形奇特，云烟氤氲；松柏繁茂，修竹劲挺，苍藤蜿蜒，四季常青；清风阵阵，野草丰美，山花烂漫，色彩缤纷；流水绕山穿峡，飞鸟翻飞啾鸣，韵味十足，风情万种，构成一组组赏心悦目的风景群落，恰似一幅幅生动的山水图画。神农溪盘桓于千重大山和万道深渊之间，集雄、奇、险、秀美景于一体，成为三峡中一个峡谷幽深、绿树成荫、水清倒影、鸟语花香、风景如画且民俗风情浓郁的旅游胜地，其灵动的容颜、空灵淡雅的意境和厚重的文化气质让无数中外游客惊叹不已，被誉为长江三峡中的"翡翠水道"。2011年5月，神农溪荣膺国家5A级旅游景区。

　　神农溪各峡段景观各异，美不胜收，龙昌峡以"雄"显扬，峡谷迂回曲折，深若幽巷重门，两岸树木繁茂，藤蔓植物攀附其上，遮天蔽日，有仙客送翁、鳄鱼出洞、天然泳池、熊猫石等景点；鹦鹉峡以"奇"见长，因峡内有一座山峰形似鹦鹉而得名，峡内山峦叠嶂，多奇峰异景，有的山峰如狂啸之虎，有的如嬉戏之猴，有神农溪最大的溶洞燕子阡、四季鲜花盛开的年花滩以及古栈道等景点；绵竹峡"秀"出名，两岸山间多为绵竹覆盖，郁郁葱葱，青翠欲滴，空气异常清新，峡间格外幽静，给人一种远离尘世的感觉，有蟒蛇出山、鲲鹏展翅、野人伸掌等奇石异景；神农峡以"绝"著称，因峡中有一山峰形似神农炎帝而得名，峡中水面倒映着青峰竹影，山花清香四溢，有神农峰、九孔岩、鱼泉瀑布、神农温泉、夫妻树等景点，无不令人叫绝。穿越神农溪，在碧水清波上悠然漂流，青山移退，时有涓涓

细流，泉水叮咚，清冽明净；时有飞瀑直下，鱼翔浅底；时有数声鸟叫，几段虫鸣；时有群猴跳跃，攀援嬉戏；时有唢呐声声，空谷回荡；时有土家妹子的咏唱，宛转悠扬；时有纤夫的号子，激昂嘹亮，游客享受这一派山野情趣，流连忘返。

神农溪古老淳朴的纤夫拉纤及原始的"豌豆角"扁舟漂流保存完好，"三尺白布，嗨哟！四两麻呀，嗬嗨！脚蹬石头，嗬嗨，手刨沙呀……"这一声声激越豪迈的号子是神农溪上的纤夫，在逆水行舟或遇险滩恶水时，从喉头聚力迸发而出的。他们是世界唯一保存的纤夫活化石，体现了纤夫文化的原始、古朴、神秘与博大。乘"豌豆角"木船，听号子声声，看浪花朵朵，情随碧波荡漾，正如欧阳修一首词所描绘的："无风水面琉璃滑，不觉船移。微动涟漪。惊趣沙禽掠岸飞。"岸边偶有村寨掩映在凤尾竹、芭蕉叶、柑橘林、乌桕树中，如诗如画，恍若世外桃

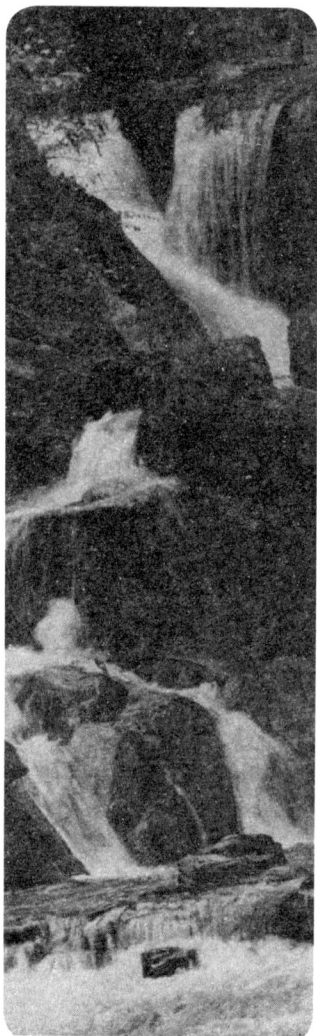

源。离船登岸，可在土家吊脚楼中休憩，或游泳，或捡石，或去村中参观古老原始的水磨、石碾，观赏土家人粗犷的巴山舞、对山歌，品尝苞谷酒和土家饭菜，风情与人情，自然与人文，山光与水色，合成一个胜境福地，令人如痴如醉。鬼斧神工的自然景观与深厚浓郁的地域文化相互融合，彰显出神农溪极高的观赏和游憩价值。

（七）香溪

香溪又名昭君溪，《水经注》称乡口溪，《清史稿》称县前河。传说王昭君出塞前常于溪中浣洗香罗帕，以致溪水芳香四溢，清馨馥郁，故名。其实，香溪原本叫"乡溪"，因屈原死后灵魂"归乡"而得名。宋以后，才改"乡溪"作"香溪"。

香溪发源于神农架山区，流过石灰岩裂缝，经洞穴过滤沉淀，湛蓝碧透，

"水色如黛，澄清可掬"；由北向南流经兴山、秭归两县，于香溪镇注入长江，交汇处清浊分明，相映成趣。香溪流域面积约3100平方千米，自然落差约1540米，流域呈扇形。三峡工程修建后，水位上升的香溪呈现一派轻吟低唱的姿态，给人以壮阔、浩渺、雄浑、博大、深邃之印象，装扮长江，荡涤污秽，散发出凝重肃穆的气氛，让浮躁的心沉静屏息，体会神的舒眉、宽洪、安闲与憩静。

在绿水悠悠的香溪河畔，历史上曾出现过两位著名人物，一位是伟大的爱国诗人屈原，其故里在秭归三闾乡乐平里村，现存有屈原谈书洞、照面井等遗迹。传说屈原死后，一条大鲤鱼驮着他的遗体，从汨罗江经洞庭湖、长江来到香溪，使诗人得以魂归故里。香溪岸边有一处沙滩，据说是屈原遗体安葬之处，后人取名"屈原沱"。

另一位是汉明妃王昭君，其故乡在

香溪上游兴山县的宝坪村。据《汉书》载，王昭君于竟宁元年（公元前33年）与匈奴单于和亲，以巾帼之身，灭烽烟战尘，换来友好和睦，赢得后世景仰。杜甫诗云："群山万壑赴荆门，生长明妃尚有村。"宝坪村又名明妃村，这里山清水秀，岩壑含翠，群峰屏立，茂林修竹，香花遍野，芳草萋萋，不仅有修复的昭君故宅、耸立在宅门外的汉白玉昭君雕像，还有望月楼、琵琶桥、梳妆台、楠木井、王子崖等遗迹及许多有关昭君的美丽故事和传说，寄寓了人们"昭君自有千秋在，胡汉和亲见识高"之意。

香溪两岸山光水色美不胜收，秀峰重叠，云缠雾绕，宛如画屏；松柏苍郁，林木葱茏，野花幽芳，点缀在溪涧错落的幽静色调之中，令人情趣盎然。每当暮春，溪涨水暖之时，常见形如桃花，身分四瓣，轻若绫罗，色呈粉红或蔚蓝之桃花鱼，随波嬉戏于碧水之中，与夹岸桃花浑

然一体，好不美丽！清人有诗云："花开溪鱼生，鱼戏花影乱。花下捕鱼人，莫作桃花看。"描述了花影鱼踪，交相辉映的景色，颇有诗情画意。"后皇嘉树，橘徕服兮；受命不迁，生南国兮。"香溪沿岸，橘林片片，每到秋天，香溪两岸黄橘跳荡着生命的旋律，依依的红枫树亲吻着香溪的波光，群山的笑语轻轻飘荡在明洁澄净的溪水里，美得让人心悸，美得让人窒息。